J. GUILLERMIN

COTTOLENGO

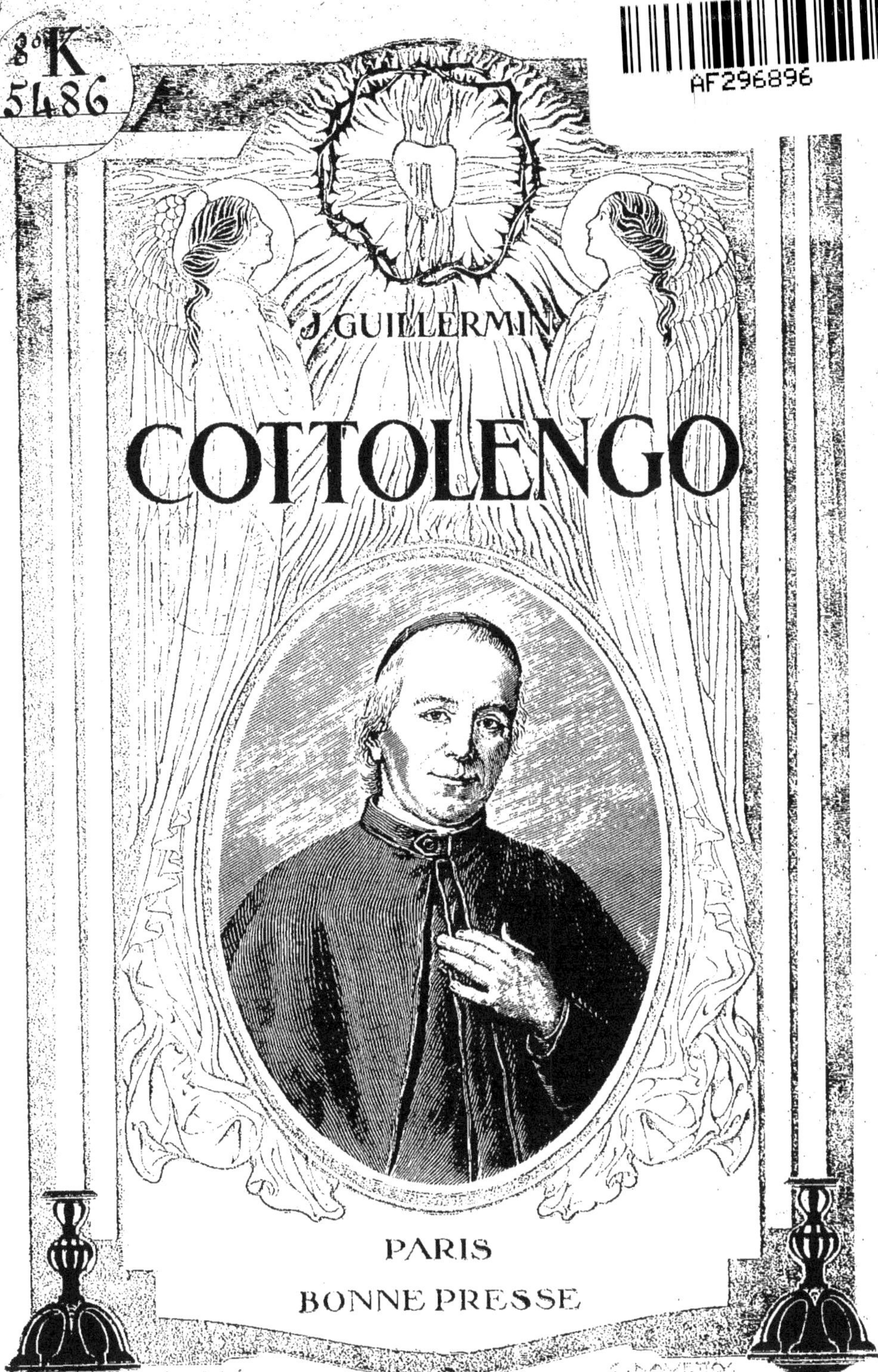

PARIS

BONNE PRESSE

LE BIENHEUREUX

Joseph-Benoît

COTTOLENGO

(1786-1842)

PAR

Le P. J. GUILLERMIN

PARIS

5, Rue Bayard, 5

PRÉFACE

Le 29 avril 1917, à Saint-Pierre de Rome, le visage d'un nouveau Bienheureux apparaissait, auréolé de la *gloire* du Bernin.

Symbole fugitif de la gloire autrement réelle et au loin rayonnante que Benoît-Joseph Cottolengo s'est acquise devant les hommes et devant Dieu.

De l'autre côté des Alpes, l'œuvre immense de Cottolengo est justement célèbre ; elle laisse dans la stupeur quiconque en approche, et c'est dire tous les visiteurs de Turin. En cette grande ville, occupée d'affaires et de politique, parmi ce Piémont agricole et industriel, au milieu de tant de regards avertis et d'esprits positifs, l'œuvre de Cottolengo, l'assistance *au jour le jour* de quelque 8 000 hospitalisés, est nommée par tous le *miracle quotidien*. Miracle financier, semble-t-il, et de premier ordre, se chiffrant par millions ; miracle de paix continue en une pareille multitude de pauvres gens ; miracle de charité surtout, et que n'a point arrêté l'horrible guerre.

Aussi bien, la sagesse du Souverain Pontife, de S. S. le pape Benoît XV, a-t-elle vû nne opportunité spéciale aujourd'hui à cette béatification, où le ciel et la terre viennent glorifier la Foi qui transporte les montagnes, l'Espérance toujours en prière, *laus perennis* de jour et de nuit, la Charité surtout, penchée sur toute misère, à l'heure même des carnages et des ruines savamment voulues.

Si, dans le cadre toujours admiré de la *gloire* du Bernin, les électriciens de 1917 réalisèrent des combinaisons inédites — et ce fut merveille — sur le fond sinistre de la guerre mondiale, combien, par contre, apparaît lumineuse et consolatrice la charité de Notre-Seigneur dans toute la vie du bienheureux Cottolengo.

J. G.

I — L'ŒUVRE

1 - La « Piccola Casa »

Dans le faubourg de Turin qui descend vers la Doire, on rencontre un quartier étrange, une ville à part dans la grande ville, puisque ce quartier compte près de 7 000 habitants et qu'il couvre plus de 200 000 mètres carrés; mais ville murée, semble-t-il, et dont l'aspect rompt les lignes architecturales de la belle capitale piémontaise. Plus de colonnades ni de portiques, pas même de magasins. Les élégantes perspectives turinoises, à perte de vue, s'interrompent ici. Des murailles s'allongent, hautes, irrégulières, sans ornement, avec des fenêtres grillées; on cherche et on trouve à peine quelques portes sur de longues rues contournées et traversées elles-mêmes de ponts couverts et de souterrains.

Forteresse? usine? couvent? La mystérieuse cité se dresse en énigme, et le nom qu'on lui donne en dit peu de chose : *Cottolengo, Cotto,* abrège-t-on ici volontiers.

Joseph Cottolengo, le nom d'un pauvre prêtre piémontais, né à Bra, en 1786, mort à Chieri, en 1842, et chanoine de la paroisse du *Corpus Do-* *mini,* à Turin. Une existence tout effacée, mais une œuvre inoubliable désormais, prolongeant cette existence féconde en une incomparable survie.

Cottolengo, l'Église le met sur les autels. Il est fondateur de cette cité, patriarche de la singulière tribu qui s'y presse, et compta ses habitants, depuis quatre-vingts années, par centaines de mille. Patriarche vraiment, avec la foi des anciens jours et les prodiges par lesquels Dieu promit d'y répondre.

En nos jours de défiance à l'égard du surnaturel, ce vénérable serviteur de Jésus dans ses pauvres apparaît surtout comme un modèle de confiance en Dieu. Dans sa

TURIN — EN ALLANT VERS « COTTOLENGO »

simplicité, il forçait la Providence divine à se faire visible auprès de lui; il semble la forcer encore, en cette œuvre que Turin appelle *le miracle de chaque jour*.

Mais ce fondateur et ce patriarche, dont l'âme est encore ici toute vivante, n'a point voulu que son nom fût prononcé; il souhaita même que son geste disparût sous l'ombre du grand modèle de la charité moderne, *saint Vincent de Paul*, et l'humble titre de son œuvre sera :

Piccola Casa della divina Provvidenza

sotto gli auspizi di San Vincenzo de Paoli.

Piccola Casa! Le nom est singulièrement choisi pour le plus vaste hôpital de Turin, et probablement du monde entier. Mais dire *hôpital* n'est montrer qu'un aspect de cet ensemble d'établissements, formant cité à part, avec des enclos, des jardins, où s'abritent ateliers, écoles, refuges, monastères cloîtrés et couvents de Sœurs hospitalières, hospices de vieillards et d'idiots; familles d'épileptiques et d'estropiés, d'aveugles, de sourds-muets; orphelinats, séminaires et immenses salles d'hô-

pital pour accueillir toutes les misères humaines, surtout les plus rebutantes, et d'abord les plus abandonnées. Ce fut la première pensée du fondateur le jour où, dans l'esprit du chanoine Cottolengo, jaillit en 1828, nous dirons tout à l'heure en quelle occurrence, la première idée de la *Piccola Casa*.

La *Piccola Casa* est devenue bourgade, presque une ville, et reste le nom de la plus colossale œuvre de charité que l'on puisse voir, groupée de la sorte, sous l'aile visible d'une Providence, tentée, chaque jour, de la plus audacieuse, de la plus évangélique façon.

Pie IX l'appelait la *maison du miracle;* c'est le mot qu'emploient les Turinois.

Et quelle explication naturelle donner au fait de l'existence, du développement continu, rapide, depuis quatre-vingt-dix ans, d'une cité sans aucune ressource financière assurée? Ni rentes, ni fondations d'aucune sorte. Des dons arrivent cependant, sans aucune organisation pour les attirer, ni association de bienfaiteurs. Ce sont parfois de fortes sommes, on les dépense; on ne doit point capitaliser en cette cité de pauvres.

Cité improductive par ailleurs. Elle n'est peuplée que d'invalides, et toute l'activité de leurs admirables servantes est dépensée à l'intérieur. Sans doute, on tâche à tenir les pauvres mains occupées le plus possible; mais, toutes réunies, que peuvent-elles fournir, en épluchant des légumes ou reprisant le linge, des trois millions réclamés annuellement par l'entretien de 7 000 personnes?

Elle n'a rien d'industriel, l'étrange cité; elle fournit cependant un intense travail, celui d'une prière, jour et nuit, ininterrompue. Prière qui demande, et remercie, et intercède; prière qui s'offre, réparatrice et protectrice encore. Ainsi la *Piccola Casa* serait bien quelque chose comme une forteresse défendant le pays contre la colère d'en haut et les machinations d'en bas. Vision qu'avait aperçue le vénérable Cottolengo.

Une manufacture aussi de ces choses essentielles à la société, prière et expiation, charité humaine et divine. Un monastère surtout, où chante constamment le *laus perennis* des cités monastiques, comme au temps des grands contemplatifs. Prière perpétuelle et perpétuel abandon à la divine Providence, que peut-il lui manquer à cette *Piccola Casa?* Petite ou plutôt humble communauté renouvelant la primitive Église et l'Évangile lui-même, en ses jours les plus miraculeux.

Cité vraiment céleste comme la mystique cité qu'entrevoyait saint Jean, toute de perles et de lumière, portée en l'air, et *sans fondations.*

Aussi que de visiteurs y sont venus, illustres ou misérables! Que de regards tournés vers elle! D'abord les yeux des pauvres : regards affamés, désespérés, regards perdus des idiots, et regards émus de reconnaissance. Les yeux de toute la foule chrétienne émerveillée. Plus loin, et nécessairement attirés aussi, les regards troubles des incrédules qui voient et demeurent stupéfaits, mais respectueux. Les regards enfin des gouvernants, hostiles d'abord, intéressés bientôt, puis comme épouvantés par cette œuvre incompréhensible, redoutable presque aux yeux des prudents et des puissants d'ici-bas.

Charles-Albert, roi de Sardaigne, devenu l'ami du pauvre chanoine fondateur, lui offrait son appui, ses subsides.

— Je voudrais bien, Monsieur le chanoine, que vous placiez votre œuvre sous la protection du gouvernement.

— Majesté, permettez-moi de vous faire observer que la chose est impossible. La *Piccola Casa* est déjà sous la protection de la Vierge et de la divine Providence; puis-je la leur enlever pour lui donner celle du gouvernement?

Cet abandon poussait plus loin son héroïque susceptibilité. Il redoutait même une visite royale à la *Piccola Casa*, et, tout en remerciant Sa Majesté du très grand honneur qu'elle voulait lui faire, il la priait de ne point venir, craignant que la divine Providence ne s'offensât de cette démarche de la providence humaine.

Divina Provvidenza, faisait-il rectifier sur les actes publics où était reconnue, dès 1833, l'existence légale de l'œuvre, mais où elle ne se trouvait désignée que par le titre, jugé insuffisant par Cottolengo, *Piccola Casa della Provvidenza.*

« Non, ceci ne me va pas. Il y a la Providence divine et il y a la providence royale. Je ne veux ni paroles équivoques ni sous-entendus. Que tout soit clair, limpide, que tout indique la *Divine Providence.* »

Et, aujourd'hui encore, cette floraison de foi, d'espérance et de charité veut s'épanouir à l'ombre. Elle s'affarouche de tout ce qui ressemble à l'ostentation, à la réclame, aux moyens humains.

Elle écarte les *reporters*, et surtout les photographes. Honneur à Dieu seul, et respect délicat de Jésus-Christ en ses pauvres!

Aussi bien, l'étude de cette œuvre, si prenante pour le visiteur, n'est-elle aidée que par une littérature insuffisante, et l'on embarrasse fort les bibliothécaires de Turin en leur demandant une histoire, une statistique de la *Piccola Casa*. L'un de ces bibliothécaires, courtois cependant et empressé comme tout bon Turinois, disait, à bout de recherches : « *Ma che?* que voulez-vous trouver? Cette œuvre extraordinaire est une exception en tous genres. Le gouvernement la dispense de rendre ses comptes. C'est l'État dans l'État. Nos conseillers municipaux socialistes ont voulu y mettre le nez, *il becco,* disait-il en souriant, mais quand ils ont vu qu'il fallait fournir la *polenta* à sept mille personnes, ils ont passé à l'ordre du jour. »

On n'a donc que de brèves notices sur une œuvre aussi importante, et l'une d'elles ajoute finement : « Aurions-nous réussi à tout connaître, à tout compter, nous n'oserions peut-être point froisser, par notre indiscrétion, une modestie, une charité, qui ne veulent que Dieu seul pour témoin. »

Deux volumes, cependant, donnent l'histoire du vénérable Cottolengo, et, par le fait, de son œuvre ; c'est l'important ouvrage du R. P. Pierre-Paul Gastaldi, des Oblats de la Vierge Marie (1).

Mais, pour ne point s'arrêter à l'extérieur de cette œuvre profonde, pour en pénétrer le silencieux travail, il y faut vivre et servir. Nous avons eu ce grand honneur.

Et dans un pays d'industrie, de *combinazione*, de politique humaine, en nos jours de prévoyance financière et de providence terrestre, parmi la foule affairée et pratique marchant vers des horizons privés de ciel, voici que l'on aperçoit Dieu montrant à l'œuvre sa Providence à lui.

Tous peuvent la voir agir ; allons la voir à notre tour.

---

(1) Pietro Paolo Gastaldi, O. B. M., *Vita del Venerabile servo di Dio Giuseppe Benedetto Cottolengo*, 2 vol. 4ᵉ édition. Turin, 1892. Cet ouvrage, édité à la Librairie Salésienne, a une bonne traduction française de Mⁱʳ Constans, chez Bloud et Barral.

11 – La « Volta Rossa »

Nous ferons tout d'abord une visite à l'un des plus vieux quartiers du centre de Turin, à la paroisse du *Corpus Domini*.

Des rues trop étroites pour la foule et les tramways qui s'y croisent, de hautes maisons bruyantes, et les classiques colonnades du xviiie siècle. Sous les portiques, les étalages des petits marchands, fleurs et comestibles. Ce n'est guère propre ni ordonné. Le quartier n'a point bonne odeur ni bonne réputation.....

Il entoure pourtant une église célèbre, celle du *Corpus Domini*. Monument élevé par l'admiration turinoise en souvenir des Hosties volées par des malfaiteurs, et qui, s'échappant, à cette place même, du sac qui les enfermait, demeurèrent en l'air jusqu'à ce que le clergé vint en procession les recueillir (1).

Une collégiale de six chanoines avait été établie pour desservir cette paroisse. Chanoines, au sens antique du mot, vivant en communauté, sans vœux du reste, mais avec un supérieur par eux choisi.

En 1818, un jeune prêtre de trente-deux ans, Benoît-Joseph Cottolengo, fort remarqué par le haut clergé turinois à la soutenance de son doctorat en théologie, était nommé chanoine de cette église. On connaissait son zèle et sa piété, on ne devinait pas encore à quels prodiges sa foi, son espérance, allaient conduire sa charité.

Charité entreprenante, que son pays de Bra avait cependant déjà pu apprécier, et aussi Corneliano, son premier poste de

TURIN — ÉGLISE DU « CORPUS DOMINI »

vicaire. A Turin, à la capitale d'alors, Dieu en réservait le splendide épanouissement.

Un soir de septembre 1827, une pauvre femme, Jeanne-Marie Gonnet, qui se rendait, avec son mari et trois petits enfants, de Milan à Lyon, se trouve prise d'un mal subit à l'auberge de la *Vieille Douane*, sur la paroisse du *Corpus Domini*. En hâte, on la transporte à l'*Hôpital majeur*, puis à la *Maternité*. Aux termes des divers règle-

---

(1) Sur une dalle, on lit cette inscription :

HIC DIVINI CORPORIS AVECTOR
JUMENTUM PROCUBUIT,
HIC SACRA SESE HOSTIA SARCINIS EMANCIPATA
IN AURAS EXTULIT,
HIC SUPPLICES IN TAURINENSIUM MANUS
CLEMENS DESCENDIT,
HIC ERGO SANCTUM PRODIGIO LOCUM
MEMOR SUPPLEX PRONUS
VENERARE AUT VERERE
DIE VII JUNII ANNO DNI 1453.

ments de ces deux maisons hospitalières, la pauvre femme ne peut être admise, et l'infortunée meurt sur la terre humide d'un corps de garde, où la maréchaussée déposait provisoirement les malades trouvés dans la rue.

Un prêtre cependant l'assistait à ses derniers moments, le chanoine Cottolengo.

Mais son cœur était brisé, et la honte lui montait au visage quand il entendait, parmi les sanglots des enfants, le mari s'indigner qu'en une ville chrétienne, comme Turin, on n'ait pu trouver un lit pour sa malheureuse femme. De ce cœur brisé, la charité allait jaillir intarissable. Pouvait-on laisser se reproduire pareil malheur?

L'HOSTIE RAPPORTÉE DANS L'ÉGLISE
(Peinture de ENRICO RIFFO.)

Le *bon chanoine* Cottolengo — déjà on le nommait ainsi — ne supportait point cette pensée. Il trouverait un asile pour les abandonnés. Le soir même, il en parlait aux autres chanoines, qui l'approuvèrent fort, émus eux aussi de la navrante histoire, mais laissèrent toute l'exécution du projet au seul Cottolengo.

Sous les arcades, à peu près en face de l'église du *Corpus Domini*, une haute maison à six étages se dresse pareille aux autres. Sa voûte, peinte en rouge, lui fait donner le nom de *Volta Rossa*. Cottolengo y loua deux chambres..... Ce n'était pas même une maison, la toute première *Piccola Casa*.

Cependant, un brave homme s'était joint au *bon chanoine;* il lui prêtait ses bras et son robuste dos de Piémontais. Nommons ici ce Thomas Roland, qui porta les quatre

LE MIRACLE DE TURIN
(Peinture de ENRICO RIFFO.)

premiers lits, se faisant tour à tour, comme son maître, menuisier, maçon, serrurier, surtout portefaix.

Et la *Providence divine* commença, elle aussi, de travailler. Elle envoyait au nouvel asile une vieille paralytique. Le fondateur la nomma *Pierre fondamentale*. C'était le 17 avril 1828.

Quand les malades ne venaient point, on allait les chercher.

— Roland, je sais que tu aimes le vin de *Barbera*, je veux t'en offrir une petite bouteille. Dans la rue de *Moncalieri* est un pauvre malade qui t'attend. Prends une bonne figure de *galantuomo*, comme tu sais le faire, et porte cet infirme à la *Volta Rossa*. Attention à bien faire la chose !

Et Roland de retour, tout en sueur, s'essuyait le front :

— Ah ! il est bon le vin du chanoine, au lieu d'entrer, il sort ; il ne risque pas de me monter à la tête.

Comme ressources, le *bon chanoine* n'a encore que son dévouement et sa prière. Dévouement contagieux du reste. Il sait l'inspirer à quelques-unes de ses filles spirituelles, dames du monde ou jeunes personnes ; mais pour celles-ci il rêve déjà quelque chose de plus grand. Quant à sa prière, elle semble remplacer avantageusement un capital, puisque l'asile occupe bientôt neuf chambres, les unes au second, les autres au troisième étage de la *Volta Rossa*.

Au début, il n'y avait là qu'un dépôt provisoire pour les malades attendant leur admission à l'hôpital, et ce dépôt n'était ouvert qu'aux infirmes de la paroisse *Corpus Domini*. Or, ceux-ci, bien reçus, bien traités, ne voulurent plus sortir, et Cottolengo, n'ayant pas le cœur de les expulser, dut agrandir son œuvre. Ainsi le *Dépôt* devint le *Petit hôpital de la Volta Rossa*.

Pareil développement commençait à inquiéter les chanoines du *Corpus Domini*. Cela prenait une tournure envahissante, imprévoyante aussi. Où s'arrêterait-on ? Qui fournirait les fonds nécessaires ? Assurément, la paroisse ne le pouvait point. Cependant, en dehors des secours officiels, le dévouement privé s'offrait à l'œuvre. Il lui fallait des médecins et des infirmiers, il lui fallait surtout des infirmières, des cuisinières aussi et bientôt des lingères, tout un personnel suffisamment stable. Cottolengo songeait à une association de dames pieuses. Elles se trouvaient une douzaine déjà, il les appela *Dames de la Charité*. Mais, dames du monde et mères de famille, elles ne pouvaient consacrer aux pauvres que des loisirs. Le bon chanoine, qui allait leur donner sa vie, cherchait d'autres vies toutes jeunes pour le même sacrifice.

Cependant, le recteur du *Corpus Domini*, chanoine Valetti, se trouvait importuné de remontrances sur le zèle imprudent de son subordonné, bientôt même il fut assailli de réclamations financières. On parlait de dettes qui commençaient à monter, car les entreprises du *bon chanoine* s'élevaient aussi

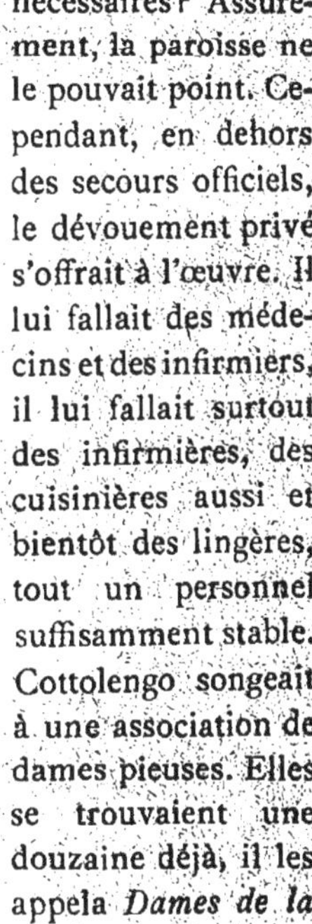

INTÉRIEUR DE L'ÉGLISE DU « CORPUS DOMINI »
(D'après une vieille gravure.)

chaque jour. Plusieurs, parmi ses collègues et amis, en étaient vraiment effrayés. On craignait une faillite dont la perte et le préjudice moral atteindraient la Congrégation tout entière du *Corpus Domini*. Bref, non seulement le bon chanoine n'était point soutenu, mais on cherchait le moyen d'arrêter l'entêtement, le zèle intempestif de celui que, dans l'intimité de la sacristie, on appelait « un vide-poches, un assassin en son genre, qui suce le sang des pauvres marchands de la place aux Herbes » (1).

— A part l'abandon du style, avait-on vraiment tort de s'alarmer ?

En 1831, la Providence intervenait.

Turin est menacé du choléra. La ville prend peur, surtout en ses quartiers populaires, et, parmi les maisons douteuses, celle où Cottolengo installa ses infirmes offre un péril plus grand.

Inquiets de ce dangereux voisinage, les propriétaires de la *Volta Rossa* ont recours au ministre de l'Intérieur. Celui-ci n'a aucune sympathie pour cette petite œuvre indépendante, mal assurée, qui semble mal organisée, et que beaucoup regardent de fort mauvais œil. Le 19 septembre, une lettre du ministre au recteur Valetti ordonne la fermeture du *Dépôt* et *Petit Hôpital*. Une scène assez vive s'ensuivit, et le recteur de prendre à partie son chanoine :

— Voilà ce que vous avez gagné. Nous savions bien que cet orage éclaterait sur nos têtes..... Quel joli renom vous vous êtes acquis ! et l'honneur de la Congrégation, qu'en avez-vous fait ?

Ici doit paraître en lumière un trait caractéristique de la physionomie morale de Cottolengo. Nous le savons pieux, zélé, d'une foi antique, mais son humilité et sa patience ont une forme particulière, la forme gaie. Toute sa vie se passera en embarras d'argent ; il n'en prendra nul souci, sachant bien que pour ses dettes,

souvent énormes, Dieu connaît le jour de l'échéance, et que sa vaste maison ne manquera jamais du nécessaire. Comme tous les amis du ciel, il souffre, mais il souffre en riant. Dans les premiers temps, ses créanciers ont peur, ils se fâchent. Quant à lui, simple et de bonne humeur, si on le bafoue, il plaisante, et sa jovialité désarme. Le Piémontais aime à rire, il est bonhomme, il a de l'humour ; au fond, il ne perd jamais son sérieux sang-froid. Cottolengo est Piémontais, il est de Bra, « né parmi les choux de Bra », aime-t-il à répéter quand on le loue.

Ne nous effarouchons point de son style ; bientôt, il nous semblera autre chose que plaisanterie.

— Vous parlez, Monsieur le Recteur, comme quelqu'un qui n'est point de Bra et qui n'entend rien à planter des choux. Moi, qui vient de ce pays, j'ai toujours entendu dire que les choux ont besoin d'être transplantés pour devenir beaux. La divine Providence transportera ailleurs le *Dépôt* et en fera un gros chou (1).

Bien gros, en effet, car, deux ans avant sa mort, Cottolengo présentait au roi une note constatant que la seule *Piccola Casa* nourrissait treize cents pauvres, et que la maison valait un million de lires.

Cependant, les trente-cinq malades de la *Volta Rossa* étaient dispersés dans les divers hôpitaux, et le *bon chanoine* avait des loisirs. Loisirs qui n'étaient point perdus pour les pauvres. Quelques jours après la fermeture de son hôpital, Cottolengo rencontrait une petite mendiante d'une douzaine d'années, pratiquement abandonnée de sa famille.

« Combien d'enfants de cet âge et de cette condition sont en pareil danger ! » disait-il à celle qui sera la seconde fondatrice de la *Piccola Casa*, Mme veuve Nasi. Et il ajoutait, en riant : « Nos chambres

---

(1) GASTALDI, *Venerabile Cottolengo*, t. I, ch. IX.

(1) GASTALDI, t. I, ch. X.

de la *Volta Rossa* sont vides, et les payer sans les occuper serait ridicule. Mais la divine Providence nous envoie des locataires. J'espère que cette bonne petite sera la pierre fondamentale d'une famille que nous consacrerons à sainte Ursule. »

En peu de temps, cette famille devait compter cent vingt-six membres. Recueillies, à la place des malades, en la *Volta Rossa*, et aussi chez Mme Nasi, les petites Ursulines s'y formaient au travail et à la vie chrétienne, sous la direction des premières Sœurs *Vincentines*.

Cottolengo les visitait souvent ; visites d'un père spirituel et temporel aussi.

Mais, à côté des chambres nouvellement acquises à la *Volta Rossa* et de l'hôtel de Mme Nasi, il y avait des logements inoccupés ; Cottolengo y ouvrit encore deux asiles pour garder, pendant le jour, les bambins des familles ouvrières. Ces enfants y étaient nourris et instruits ; on les faisait prier, et, le soir, on les ramenait chez eux avec un bon de pain. Humble début et modèle de ces asiles qui devaient tant se multiplier.

Puisqu'on ne pouvait plus recevoir de malades, on irait les soigner chez eux et les veiller la nuit. Première inspiration des Sœurs gardes-malades de la *Piccola Casa*. Le fidèle Roland devait au préalable se renseigner sur la maison, et le *chanoine Cottolengo* n'envoyait ses filles, deux à deux, qu'après s'être assuré par lui-même de l'accueil qu'on leur devait faire et de leur sûreté. Thomas Roland, qui les accompagnait dans les rues sombres, une lanterne à la main, accompagnait aussi le *bon chanoine* en excursion de ce genre.

SŒUR MARIE-ANNE NASI, PREMIÈRE MÈRE DES SŒURS DE LA « PICCOLA CASA DELLA DIVINA PROVVIDENZA »

— Vois-tu, Roland, je ne veux pas que tu te plaignes de moi, tu es si brave homme et tu m'es si utile que je veux encore te payer une bouteille.

Roland connaissait bien ce vin-là. On partait avec un bon chargement, et arrivé devant une pauvre maison :

— Voilà l'auberge, prends l'escalier et monte jusqu'au toit. Tu trouveras là de pauvres gens, tu leur donneras ceci, ceci, et encore ceci.

Et Roland nous informe que cela se passait, sinon tous les jours, au moins très fréquemment, à l'égard des pauvres honteux.

Les voici en pique-nique maintenant.

— Aujourd'hui, je veux te payer un bon

CHÂTEAU MOYEN AGE, AU PARC DU VALENTIN, A TURIN

dîner. Mais pas ici, il y a trop de monde. Viens, nous irons près de la rivière, tu sais comme il y fait bon et frais (1).

En route, on s'arrête chez le boulanger, chez le boucher, on achète du pain, de la viande, des pâtes.

— Roland, dans cette cantine, il y a du bon vin; fais-t'en donner une *fiasca*.

De l'autre côté de l'eau, on trouve une vieille maison. On grimpe au dernier étage. Une famille est là dans un état affreux; trois ou quatre enfants sans aucun secours, et les parents à l'agonie.

Les loisirs du chanoine étaient bien occupés, et l'on comprend l'exclamation d'une pauvre vieille qui, mourant de faim, avait prié la *Consolata*, la Madone consolatrice de Turin, et voyant arriver le Père *consolateur*, s'écriait :

« Vierge Marie, vous êtes très sainte, et le chanoine aussi est un saint. »

Son premier souci était, en effet, de sanctifier pareilles œuvres en sanctifiant ses pauvres et leurs servantes. Pour elles, l'étude attentive du catéchisme devait remplacer des lectures ascétiques plus relevées. Mais la prière surtout devait parfumer leur travail et remplir leurs heures libres. Elles y étaient aidées par celle envoyée de Dieu pour leur formation spirituelle, la cofondatrice de la *Piccola Casa*, Mère *Marie Nasi*.

Les pauvres payaient en prières les soins qu'ils recevaient. Roland priait aussi, et trouvait un peu longues les prières du Père en promenade; il devait y répondre, comme un bon compagnon qu'il était.

En ce quartier populaire, où la sainte Hostie, profanée par des malfaiteurs, avait fait s'agenouiller le cheval et les sacs s'ouvrir d'eux-mêmes, le rayonnement

ÉGLISE DU « CORPUS DOMINI », A TURIN

eucharistique devait resplendir encore et s'étendre.

Plus d'un demi-siècle avant Pie X, le vénérable Cottolengo était inspiré d'y établir la communion fréquente et quoti-

____

(1) Toutes citations tirées de l'ouvrage du P. Gastaldi.

dienne, et d'offrir aux tous petits enfants le *pain* de chaque jour. Nous verrons les trente-quatre familles de la grande *Piccola Casa* communier chaque matin.

Ce sont, pour le moment, les premières *Vincentines,* comme il les appelait; les *Cottolenguines,* prononçait le peuple simpliste. Elles se confessaient chaque semaine et communiaient tous les jours. Tous les jours aussi, elles avaient à faire leur méditation, leur lecture, et à réciter le rosaire auquel s'associaient les pauvres. Pour que Notre-Seigneur ne fût jamais seul, au *Corpus Domini,* il organisa une adoration perpétuelle : depuis l'ouverture de l'église jusqu'au soir, deux de ses filles se succédant sans interruption, d'heure en heure, auprès du tabernacle. Prélude d'une adotion plus incessante encore, à la future *Piccola Casa.*

Dans l'église du *Corpus Domini,* un tableau fort vénéré attire les regards. Une Madone, au regard très vif, allaitant l'Enfant Jésus : *Madonna delle Grazie.* Elle est entourée de cierges et *d'ex-voto.* Devant cette image naïve, Cottolengo aurait, dit-on, reçu la première inspiration de son œuvre, de cette œuvre nourricière dont l'idée est si virginale et si maternelle à la fois.

Aujourd'hui, au numéro 13 de la rue *Palazzo di Città,* devant une voûte encore peinte en rouge, à l'entrée d'une haute maison à six étages, on lit sur un marbre cette inscription :

EN CETTE MAISON

LE CHANOINE JOSEPH COTTOLENGO

L'AN MDCCCXXVIII

A FONDÉ AVEC QUATRE LITS

LE PIEUX INSTITUT DE LA DIVINE PROVIDENCE

———

LES SOCIÉTÉS OUVRIÈRES DE TURIN

MDCCCLXXXI

Touchant souvenir; mais ce n'est plus ici que la divine Providence travaille de pareille façon. Allons la retrouver, hors ville, dans le faubourg du *Valdocco.*

III – Le « Valdocco »

Nous quittons l'ancienne enceinte romaine, dont la dernière tour d'angle sert de contrefort à un sanctuaire célèbre, *Santuario della Consolata*.

Auprès de cette Vierge *consolée* chaque jour par des centaines de visiteurs, et *consolatrice* tout d'abord, un quartier d'œuvres charitables.

Dans une rue voisine, l'hôtel d'une très grande dame du siècle dernier, marquise Giulia Faletti di Barolo, née Colbert Maulévrier, qui donna dix millions et sa vie entière, aux pauvres de Turin. Cette descendante de deux grandes familles, française et piémontaise, fonda une douzaine d'œuvres distinctes. Le château des Barolo est actuellement un collège, et l'hôtel de la rue voisine, un ouvroir.

On descend la rue de la *Consolata*. A gauche, à droite, des établissements de bienfaisance : l'hospice des aliénés, jadis fondé par la Confrérie du Saint-Suaire de Turin. Non loin de là, un mont-de-piété ouvert par cette antique et admirable association d'hommes de bien, nommée l'*Œuvre de Saint-Paul;* et, dans le ciel, monte par-dessus les toits le dôme de Notre-Dame Auxiliatrice, berceau d'une œuvre mondiale, celle de *Don Bosco*.

Mais la belle avenue tirée au cordeau, depuis l'autre bout de Turin, s'arrête ici. Un fronton barre la rue. C'est un pont couvert. Passons au-dessous. Nous voici tout désorientés; c'est l'étrange ville aux murs sans portes, c'est l'immensité de Cottolengo.

Sur le fronton coupant la perspective, un haut-relief représente un prêtre qui sourit et montre le ciel à un infirme par lui relevé. En exergue, ce mot qui explique tout :

Caritas Christi urget nos.

Urget! Ici quelque chose presse : la foule des miséreux, la détresse physique ou morale, le souci du pain quotidien. Mais pareil souci semble ne point exister, car plus pressante que tout est la charité de la la divine Providence, exaltée, provoquée,

TURIN — PORTE DE L'ANCIENNE ENCEINTE

TURIN — NOTRE-DAME AUXILIATRICE, BERCEAU DE L'ŒUVRE DE DON BOSCO

dirait-on, par la charité de ces âmes où revit, avec les prières les plus pressantes qui soient, l'âme héroïque et toujours en hâte du vénérable Cottolengo.

On trouve une porte enfin, une toute petite porte à la maison, *Piccola Casa*, de 400 mètres de façade, sur la seule rue Cottolengo. Plus loin, il y a sans doute quelque grand portail pour les charrois; il est ordinairement fermé. A la toute petite porte, un pauvre heurtoir. La porte s'entr'ouvre. Une religieuse nous accueille et s'efface, avec un sourire et un *Deo gratias*. Ce mot nous suivra partout; ce sourire et ce mot éclairent toute la maison.

Ah! le sourire d'abord, qui rayonne vraiment à travers l'étrange ville, aux yeux des vieillards, des bébés, parmi la fourmilière des Sœurs *Vincentines* toujours en mouvement, aux yeux vides des aveugles et des idiots, aux yeux parlants des sourds-muets. Tout le monde a l'air heureux; c'est le reflet de cette joie inlassable que portait en toute circonstance, en tout lieu,

le *bon chanoine*, qui sautait volontiers de joie, et faisait une ou deux pirouettes encore.

Le sérieux d'ici n'est point grognon; il plaisante souvent, et sa gaieté aide aux plus rudes besognes; à la petite Sœur qui doit lever de ses bras et nettoyer, chaque matin, une cinquantaine de pauvres femmes, au malade que l'on emporte vers la salle d'opération et qui n'ose plus même gémir. Sourire en rayon de soleil, qui met autre chose que de la résignation, oui, de la véritable joie, au plus sombre recoin, jusqu'à la salle des morts.

Le petit heurtoir toque de nouveau; la porte s'ouvre encore, avec son *Deo gratias* souriant. D'autres visiteurs entrent, et surtout des infirmes. De-ci de-là, un parloir, un pauvre salon, des devises sur les murs et des tableaux pieux. Un tableau arrête le regard; c'est encore le *bon chanoine*, avec sa fossette de rire perpétuel et son tranquille regard. D'une main, il caresse un bébé, et, de l'autre, montre le ciel à un pauvre diable écroulé à ses pieds. Un autre

tableau attire davantage encore et fait agenouiller : Madone de la *Consolata*, protectrice de cette *Petite
Maison*, bâtie à l'om-
bre du fameux sanc-
tuaire, protecteur de
Turin. Cet agenouil-
loir, cet autel, font
l'oasis de repos à tra-
vers le mouvement
du vestibule, car c'est
l'entrée d'une ruche.
Ici, des corridors
se croisent, et les
escaliers descendent
des ponts suspendus ;
mais les abeilles vont
et viennent, sans
froissement ni tu-
multe.

Après ce vestibule
affairé, le grand air et
la ville sainte. C'est,
devant nous, une
place avec quelques

« CONSOLATRIX AFFLICTORUM »
MADONE DE LA « CONSOLATA », A TURIN

A travers ces jardins, on aperçoit des
murs et des toits ; on devine déjà la formation de cette ville.

Elle a grandi, sans
souci d'architecture,
acquérant peu à peu
une maison, un en-
clos, un îlot tout
entier, l'un après
l'autre, et l'utilisant
à ses besoins. Si cela
rompt avec l'impla-
cable damier des rues
turinoises, cela fait
des contours, de la
verdure et du pitto-
resque.

L'emplacement oc-
cupé par la *Piccola
Casa*, la pente du
Valdocco vers la
Dora était, il y a
quelque cinquante
ans, une de ces ré-
gions suspectes, spé-

arbres, et puis une avenue de jardins et
d'enclos irréguliers. Sous un gros platane,
tout gazouillant d'oiseaux, un balayeur
met en ordre quelques singuliers véhicules,
voiturettes, chaises roulantes, toute la

ciales aux abords des grandes villes. Des
maisonnettes parmi de vagues cultures et
des monceaux de débris, des jardinets, des
tonnelles. Tout cela devenait taverne le
dimanche, et les gens honnêtes se tenaient
loin.

A le bien regarder, ce lieu sinistre avait
pourtant d'intéressants souvenirs. Le *Val
d'occo, Vallis occisorum*, avait jadis été la
place des exécutions capitales, et, parmi
les suppliciés, Turin y comptait des martyrs.

Une petite chapelle, qui rentre aujour-
d'hui sous terre, parmi de vieilles maisons,
garde le nom des saints martyrs Octave et
Aventor, et, comme un autre lieu nommé
jadis *Calvariæ Locus*, le charnier du *Valdocco*, le terrain de pourriture, arrosé d'un
tel sang, devait fleurir.

L'étonnante fleur s'ouvrait au printemps
de 1832. Six mois après la fermeture, par
raison d'hygiène, de l'hôpital de la *Volta*

TURIN — LA RUE COTTOLENGO

pauvre carosserie qui porte les invalides
vers la chapelle ou dans les jardins.

Rossa, Cottolengo avait acquis deux petites chambres au *Valdocco*. On était hors ville, on pouvait donc recevoir des malades, et l'endroit ne craignait guère d'être contaminé. On était aussi en dehors de la paroisse trop susceptible du *Corpus Domini*, mais le bon chanoine personnellement en faisait toujours partie.

Le samedi, 27 avril 1832, Cottolengo y arrivait, conduisant sur un petit chariot, traîné par un âne, un pauvre homme dont une jambe était dévorée par la gangrène.

« Je viens de réorganiser au *Valdocco* le

LE « VALDOCCO » PRIMITIF, PRÈS TURIN

petit hôpital de la *Volta Rossa*, écrivait-il au Dʳ Granetti, déjà tout dévoué à cette œuvre. J'y ai deux chambres, où j'ai recueilli quelques malades qui s'en vont de la poitrine, j'ai acheté une vache et son petit veau, et une ânesse et son ânon pour que mes pauvres aient du lait. »

Quelques religieuses l'accompagnaient. Les chambres étant réservées aux malades, les pauvres filles s'installaient, pour la nuit, dans l'écurie, et, songeant à Bethléem, riaient de bon cœur.

Un mois après, le *bon chanoine* a jeté les yeux sur une maison voisine, habitée par un chapelier. Il offre un bon prix de la moitié de l'immeuble et y place vingt-cinq lits.

Quatre mois ne s'étaient pas écoulés que toute la maison était acquise et remplie de malades. Bientôt, il faut encore s'agrandir, et ce fondateur, qui a pour unique ressource la divine Providence, achète successivement une autre maison voisine, puis un vaste terrain, où se bâtira un hôpital de deux cents lits.

Autour de ce premier noyau se développe ainsi rapidement une œuvre dont le fondateur semble avoir déjà la vision.

« Cette plaine se remplira des maisons de la divine Providence », dit-il aux visiteurs qui arrivent curieux, sceptiques souvent, mais déjà ébranlés. Un frère de Cottolengo, le P. Albert, de l'Ordre des Frères prêcheurs, ne peut retenir ses sarcasmes et rappelle le souvenir humiliant de la *Volta Rossa*.

« Tu verras, tu verras », répond tranquillement Joseph Cottolengo, et, traçant autour de lui un grand cercle, il ajoute : « Je vois déjà toute cette plaine couverte des maisons de la divine Providence. »

Beaucoup s'étonnent du progrès :

— Mais, bon chanoine, que faites-vous là ?

— Rien, rien, ce ne sont que les débuts d'une œuvre. La *Piccola Casa* est destinée à s'étendre au Nord jusqu'à la Doire, au Levant jusqu'au faubourg de Pallone, et, au Couchant, nous irons jusqu'à l'église de Saint-Pierre aux Liens.

A la voir s'étendre, la ville en marche, qui donc trouverait aujourd'hui la prédiction trop invraisemblable ? « Pour le moment, la *Piccola Casa* est comme le grain de sénevé ; mais, bien que petite, elle se développera et recevra un grand nombre de personnes. De plus, elle sera, je vous l'affirme, la citadelle de Turin et de tout le Piémont. »

Et à ses premières religieuses : « Vous êtes maintenant une poignée de filles remplies de l'esprit de saint Vincent de Paul ; le nouvel établissement contient peu de malades, mais un temps viendra où des milliers de personnes y mangeront le pain de la divine Providence..... Si vous m'aidez avec votre foi, vous verrez comment les choses marcheront. Vous mangez maintenant du pain noir et vous avez peu de linge, un jour vous mangerez le plus beau pain blanc qui se puisse voir, et votre lingerie sera plus grande que vous ne voudrez..... Cette *Piccola Casa* deviendra tout un pays. » (1)

Cottolengo a déjà la prescience que ce pays sera comme un paradis terrestre, une école d'innocence et de sainteté. Et, pour consoler ses filles, qu'un trop grand travail absorbe : « Si la Providence le veut, elle fera surgir dans la *Piccola Casa* d'autres religieuses qui s'adonneront tout à leur aise à la contemplation et à la pénitence.»

Pourtant, parmi les tavernes voisines, les blasphèmes ne cessaient point, et quand les misérables qui venaient y perdre leur temps, leur argent et leur âme virent circuler, autour du nouvel hôpital, des religieuses et les premières petites *Ursulines*, l'insulte monta vite à ces lèvres souillées. De la boue et des pierres étaient lancées aux vitres de la *Piccola Casa*, et toutes les vilenies attendaient ses servantes. Cottolengo, qui sourit et plaisante toujours, devient terrible ce jour-là, « mais un temps viendra, dit-il, où ce bouge doit changer de destinée. On y bâtira une maison dans laquelle Dieu sera loué, et qui réparera toutes les injures qui lui sont faites ».

Réparation qui fut merveilleusement

double. Non seulement Notre-Seigneur y est loué par une prière incessante, mais, exquise revanche du ciel ! une grande partie des misérables, qui insultaient alors Cottolengo et les Sœurs, furent par lui recueillis quand, ruinés de corps et d'âme, ils eurent besoin, pour leurs vieux jours, d'un asile et de soins.

Le matériel lui-même de ces tristes quartiers trouvait à la *Piccola Casa* un refuge, avec un meilleur usage : tables, sièges, bouteilles, même la bière et le vin étaient achetés pour le service des pauvres. Le tableau qui servait d'enseigne au cabaret du *Brentatore* devint une enseigne encore, repeinte avec ces mots : *Caritas Christi urget nos.*

Si nous entrons à l'ancien *Brentatore*, nous y trouvons Cottolengo faisant ses marchés. Cela vaut la peine de s'y arrêter. Nous sommes en 1835. Le choléra se retire de Turin qui, dans sa reconnaissance, élève à Notre-Dame de la *Consolata* une colonne commémorative de granit.

Une convalescente reste encore au lazaret de Saint-Louis que l'on évacue. Abandonnée de tous, cette femme est recueillie par Cottolengo. L'hygiène de la *Piccola Casa* n'avait pas encore les sévères habitudes d'aujourd'hui.

Deux jours après, le docteur en chef Granetti constatait, à 8 heures du soir, quelques cas de choléra dans la salle qui avait reçu la convalescente. De plus, deux Sœurs offertes par Cottolengo pour soigner les cholériques en ville revenaient atteintes, elles aussi. Le mal se propageait. Les deux héroïques religieuses devaient en mourir.

Epouvanté, le docteur veut isoler les cholériques à l'instant même. Mais où trouver un local ? Il s'emporte contre l'imprudente charité du pauvre chanoine.

Celui-ci n'a aucun argent ; il sort cependant, et le voici à l'auberge du *Brentatore*.

— Veux-tu me donner une petite bouteille que nous boirons ensemble ?.....

---

(1) GASTALDI, *op. cit.*, l. II, c. XII.

ÉGLISE DE LA « CONSOLATA », A TURIN, ET COLONNE COMMÉMORATIVE

Combien te rapporte ce dépôt de vin ?.....

— Peu, très peu, répond l'aubergiste; il semble que l'habitude de boire ait quitté du monde, comme je voudrais que le choléra s'en allât. Mon vin est bon pourtant. Si les choses continuent ainsi, je serai forcé de le boire tout seul.

— Eh bien! puisque tu n'as guère la chance pour toi, que ne vends-tu ta maison ? Ce serait une bonne fortune.

— Une excellente fortune, mais où trouver l'acheteur? Je voudrais tout vendre : tables, sièges, dames-jeannes et même les *barriques*, la *brenta* du Piémont.

— Tant mieux, cela nous aidera à boire quelques verres de plus. Mais tu ne veux pas me vendre ta famille, je pense. Voici donc : j'achète tout ce que tu voudras, mais il me le faut à l'instant même. Déménage ta femme et tes petits.

Le vendeur, ébahi, accepte; il se retire avec sa famille dans les chambres supérieures, laissant un étage et demi, et, au milieu de la nuit, Cottolengo vient annoncer au docteur qu'une maison est prête, à 6o mètres de la *Piccola Casa*. En trois heures, un lazaret a été aménagé, et les cholériques y sont transportés, chaque chambre a un lit, un feu allumé, et une Sœur qui reçoit les malades (1).

La joie profonde du serviteur de Dieu était de chasser le démon et le péché de ces tristes lieux.

« *Chiappino* s'en va, redisait-il, *Chiappino* s'en va! » et il sautait de joie, en donnant ce sobriquet au mauvais esprit.

Vers cette époque, la *Piccola Casa* comptait déjà une dizaine de maisons. Aussitôt acquises, elles étaient baptisées chrétiennes : *Maison de la Providence, Maison de Dieu, Maison de la Madone, Maison de Bethléem.* Le *bon chanoine* finit par habiter une chambrette de la *Maison de la Foi*, et l'ancienne *Trattoria del Brentatore* était devenue *Casa della Speranza*.

Une autre maison cependant lui tenait

---

(1) GASTALDI, *op. cit.*, t. I, ch. XXII.

au cœur par-dessus tout, à ce serviteur du *Corpus Domini* : l'église.

Après un an d'attente et de prières, la permission vint de l'archevéché. Le Saint Sacrement eut sa chambre aussi, dans la *Piccola Casa*, et, au lieu d'aller chercher le saint Viatique à la paroisse du faubourg, inconvénient pour les infirmes et pour le curé de Saint-Pierre aux Liens (pour ses sacristains surtout, semble-t-il), Cottolengo put, à tout instant, administrer ses malades. De plus, les pauvres eurent enfin réellement, au milieu d'eux, ce Sauveur fait pauvre et humble par amour.

A mesure que s'étendaient les maisons, elles se remplissaient de malades, et, à qui lui reprochait d'accepter trop de malheureux, l'ambitieux fondateur répliquait :

— La *Piccola Casa* est trop grande! Non, non, il nous faut aller jusqu'à la *Dora*, et, avec l'aide de la divine Providence, nous irons. Cet établissement grandira si bien, qu'il deviendra tout un pays.

Sur les bords de cette Dora Riparia sont aujourd'hui les divers établissements de la *Piccola Casa*. La chapelle est devenue une magnifique église, mais elle ne peut contenir que quatre mille personnes. Elle est donc insuffisante pour toute la grande famille qu'elle instruit et nourrit chaque jour.

Quant aux maisons et aux hôpitaux, ils ont débordé en tous sens le noyau central, et les quarante-trois médecins qui s'y dévouent — gratuitement, cela va s'en dire, — ont pour consigne d'établir tout selon les règles et le luxe du plus moderne progrès.

Un coup d'œil au dernier hôpital, par exemple, à ce grand bâtiment de l'*Addolorata*, qui, débordant la *Piccola Casa*, a dû s'établir sur l'autre bord de la rue Cottolengo. Deux étages au-dessus du rez-de-chaussée et une ingénieuse disposition de dortoirs pour sept cents lits. Salles en croix; au centre, un autel visible des huit rangées de lits. Encadrant cette croix, en losange, des salles spéciales : tuberculeux, enfants rachitiques, etc., et six salles d'opérations.

En haut, des salles semblables pour les femmes. Plus loin, l'infirmerie des Sœurs, car cette armée de vaillantes a besoin aussi d'un vaste hôpital.

Mais ce ne sont là que des murs; il faut maintenant pénétrer l'intime, la profondeur de cette *Piccola Casa*.

IV – Les familles

A parcourir les salles des malades, on ne se fait qu'une idée trop incomplète de Cottolengo. C'est en très grand, très soigné et très paisible, ce qu'on a vu ailleurs, un hôpital ; mais ce n'est, pour ainsi dire, que le boulevard extérieur de la cité sainte, de la *Piccola Casa*.

A l'hôpital, une population flottante qui vient et s'en va..... Mais, dans tout le reste de la *Casa*, un peuple nombreux, stable, et qui augmente chaque jour : le peuple des *recueillis*, enfants, infirmes ou vieillards hospitalisés, et de leurs serviteurs ou servantes.

Une rue de Turin, traversée, en dessus et en dessous, par un pont et un tunnel, sépare les deux grands quartiers de la *Piccola Casa*. Le quartier des femmes est le plus développé.

Sur chacune de ces régions, la population est divisée en familles, suivant l'âge, l'infirmité et les besoins temporels ou spirituels. En tout, trente-quatre familles, dont quatorze sont réellement religieuses avec des vœux semi-annuels et, parmi celles-ci, sept familles sont cloîtrées. Cottolengo avait même fait l'essai d'une famille d'ermites, les ermites de *Saint-Romuald*, pour des hommes attirés par la vie contemplative solitaire. Il les avait installés dans les montagnes environnantes. Les lois italiennes sur les Congrégations ont empêché la tentative.

Sa pensée était bien chrétienne cependant et antique. Restaurer une grande *Laure* d'au moins cent cinquante ermites : cinquante pour la psalmodie, cinquante pour la culture des champs, les cinquante autres pour le service de la maison et le soin des malades. Se succédant les unes aux autres, ces diverses catégories eussent formé, à elles seules, le *laus perennis* rêvé par Cottolengo, la louange continue du Sinaï et de l'ancien mont Athos.

De plus, ces *humbles solitaires*, ces *Trappistes* nouveaux, devaient, comme chaque famille, travailler à un but spirituel spécial. Toutes leurs prières, leurs mortifications, toutes leurs bonnes œuvres étaient offertes chaque jour à Dieu pour le souverain, la maison royale et la hiérarchie civile de l'État.

Mais l'État, paraît-il, n'en avait nul besoin, et la maison de Savoie ne parut pas non plus s'intéresser à une autre proposition en faveur de son caveau de famille. Auprès des tombes royales, à la *Superga*, Cottolengo s'offrait à acheter une maison pour la transformer en ermitage spécialement chargé de prier pour ces morts.

« Si ce local, écrivait Cottolengo en 1840, appartenait à la *Piccola Casa*, on pourrait y former un établissement de jeunes gens de douze à dix-huit ans, qui, tout en menant une vie de famille, rendraient, dans l'église de la *Superga*, une louange perpétuelle au donateur de tout bien, viendraient au secours des illustres défunts dont les cendres se conservent en cette basilique. » Suivent les détails pratiques : recrutement aisé parmi la foule d'enfants journellement présentés à la *Piccola Casa*, un peu d'étude et pas mal de travail aux champs. « C'est la miséricorde divine qui a daigné me mettre cette idée en tête, pour l'accomplissement de ses desseins. Cette réunion de jeunes gens, au nombre de cent vingt, aurait des maîtres de la *Piccola Casa* pour apprendre à lire et à écrire, et encore pour faire le catéchisme aux habitants de ces quar-

LES « COLLINES » AUTOUR DE TURIN

tiers, qui me semblent en avoir besoin. »

La proposition ne fut pas accueillie, et le magnifique monument de la *Superga* se dresse au-dessus du Piémont, sans rien de cet appui ni de cette garde. Autour des marbres et des bijoux, le long des tombes royales, veillent seuls les gardiens galonnés... et parfois somnolents.

Mais, à la *Piccola Casa*, le rêve du vénérable Cottolengo s'est pleinement réalisé, des quatorze familles *religieuses* et du reste.

Dans les vingt autres familles, dix de femmes et dix d'hommes, la vie des conseils évangéliques, avec une ferme discipline qui maintient séparées les diverses frontières; chaque famille ayant sa maison et son enclos, comme elle a ses règles particulières, son régime et son costume. A la tête de chaque famille, un supérieur, simple représentant du *Père*, l'unique chef de toute la *Piccola Casa*.

A première vue, cette organisation en familles ne semble être qu'une sage division du travail, division encore des soins et de la surveillance. Ah! c'est bien autre chose et le vénérable serviteur de Dieu avait de plus hautes pensées.

Entouré, accablé comme il semblait l'être de toutes les souffrances et les infirmités humaines, de tous les déchets de la société, il a voulu les utiliser spirituellement et faire de ces débris la plus belle gerbe d'adoration qui fût jamais peut-être ainsi présentée à Dieu. Comment laisser se gaspiller tant d'occasions de mérite, de prière, de louange et d'expiation? Aussi bien, les trente-quatre familles ont-elles organisé avec la prière continue, *laus perennis* de jour et de nuit, l'utilisation de leurs souffrances et la sanctification de tout un peuple d'hospitalisés.

Plus haut encore, Cottolengo a vu Dieu appeler des âmes à la vie parfaite, à la vie religieuse *active*, à la non moins agissante *contemplation*. Mais que d'obstacles ce même Dieu a mis parfois sur leur route! Le monde, la famille, leur pauvreté ou leur infirmité fermant pour elles les maisons religieuses ordinaires. Il leur faut donc des couvents, des règles en dehors de cette ordinaire façon, et voilà les extraordinaires cloîtres de Cottolengo, où la discipline, l'oraison, l'intégrale vie religieuse acceptent et utilisent même les infirmités, permettant aux plus misérables créatures une plus magnifique louange de leur Créateur.

Aux âmes appelées à de moins sublimes renoncements, la vie de *famille*, avec toute son abondance et ses attentions, n'est point cependant dépourvue de sacrifices : plus de pipe ni de journal, les visites du dehors restreintes à deux heures par semaine, l'obéissance enfin assez minutieuse, et qui ne laisse aucun argent à la libre disposition des *recueillis*.

Personne, du reste, n'est contraint de rester, et les portes de la *Piccola Casa*, si bien closes de l'extérieur, peuvent aisément s'ouvrir du dedans au dehors. Mais on devine quels regards de terreur les pauvres estropiés doivent jeter vers le dehors de cette porte quand ils passent en procession, bien vêtus, bien nourris, bien rasés, et s'en vont, les petits millionnaires sans le sou, payer de leur prière la très-douce Providence. Oh ! le souvenir de ce qu'ils furent et de ce qu'ils redeviendraient, là, derrière cette porte, dans le désert de la rue et de la misère noire.

Si pourtant quelque simulateur se glisse à l'hôpital, ou parmi les infirmes, le regard accueillant du *Père*, le fin regard des *Vincentines* et le diagnostic des Frères ou des docteurs l'ont vite reconnu, et, au besoin, congédié. Ceux qui essayèrent ici une vie qu'ils espéraient de grasse fainéantise furent aussitôt déçus. Toutes les mains y sont occupées, même les plus débiles, et si les bras semblent forts, de gros ouvrages leur tombent dessus.

Le travail pour les valides, Frères et Sœurs, est ici accablant. Et le phénomène se produirait alors, bien connu de tous ceux qui savent la vie religieuse : quand le cœur n'y est plus, cette vie devient pratiquement intolérable, on en sort.

Cependant, la grande richesse de cette *Piccola Casa* est-elle moins dans les millions fournis par la Providence que dans le nombre de véritables vocations religieuses pour servir ses pauvres et prier Dieu, dont le ciel l'a constamment favorisée, et qui maintient remplis ses cloîtres les plus austères.

**

Allons faire visite à quelques familles.

Nous avons traversé l'hôpital ; le chemin est long : sections de médecine, sections de chirurgie, salles spéciales des tuberculeux ; nous arrivons à un dortoir d'enfants rachitiques, scrofuleux, estropiés, amputés..... Un bébé rose qui joue et sourit n'a plus de jambes, un autre montre les traces évidentes des vices paternels, et tous apprennent à joindre les mains, à prier, tandis que le soleil rit dans les rideaux clairs et que chante la cage des canaris.

La section de *maternité* n'existe pas à Cottolengo, Turin est si bien fourni pour cela ! Mais, dans ce double dortoir, petits garçons, petites filles, bébés encore, apportés ici et souvent oubliés ensuite, forment presque une *famille* déjà, dont les mamans, en coiffe noire ou longs voiles blancs, peuvent se livrer à toutes les effusions de leur virginale maternité.

Une famille en règle est celle des *Luigini*, qui viennent, là-bas, en béret noir et complet gris. Le grand col blanc est bien repassé, la mine est fraîche, et ils vont au pas, croix en tête, à l'église, marchant déjà comme des *bersaglieri* ; ils ont de bonnes joues les futurs bersagliers. Orphelins abandonnés, enfants trouvés, enfants pauvres, reçoivent ici, de neuf à douze ans, une instruction élémentaire complète et des habitudes de vie hautement chrétienne.

Saint Louis de Gonzague, si cher à toute

la jeunesse italienne, veille sur eux, comme il veille encore sur leurs petites sœurs *Luigine*, en bonnet tricoté et gentil tablier rose, que d'ici..... nous ne voyons pas.

Orphano tu eris adjutor, lit-on, au-dessus des portes. Cependant, ici, le nom d'*orphelin* n'est guère prononcé, et jamais celui d'*enfant trouvé*. Physiquement ou moralement abandonnés, ils ont rencontré une famille, des pères et des mères, et des patrons attentifs. Pour eux furent institués tout d'abord les divers ateliers de la *Piccola Casa* où des maîtres maçons, menuisiers, cordonniers et boulangers faisaient commencer un apprentissage à ces enfants. Jadis, le vénérable chanoine y mettait lui-même la main et charriait le sable ou les briques, tirait l'aiguille, enfournait le pain, comme un simple manœuvre.

De même les orphelines, les *Luigine*, tout en étudiant, avec la religion, la lecture, l'écriture et le calcul, apprennent, comme dans une bonne école ménagère, à tenir une maison, faire la cuisine et soigner le linge. On les initie encore aux industries féminines de la couture, broderie et ganterie; à l'art de soigner les malades, etc.

Les *Luigini* ont grandi; ils peuvent faire des études secondaires au Petit Séminaire des *Tommasini*, ou bien apprendre un métier dans la famille de *Saint-Dominique*. S'ils ont senti l'appel d'en-haut, une postulance leur est préparée dans la famille des *Fratini*, et, plus tard, ils pourront devenir *Fratelli*, Frères de Saint-Vincent de Paul. Les *Luigini*, arrivés au seuil de leur famille, peuvent aussi sortir de la *Piccola Casa*; ils ne pourront que bénir la *Providence*, elle les a si bien préparés à se faire une place dans le monde. Aux *Luigine*, on trouvera de même quelque honnête place de servante ou de couturière.

Après une centaine de *Luigini*, voici quelque cinquante séminaristes de *Saint-Thomas*.

Ici, le cœur du *bon chanoine* Cottolengo remonte en ses plus chers souvenirs. Souvenir d'une vocation entravée par la conscription militaire, aux années brutales de la conquête napoléonienne; mais la Providence était intervenue, un remplaçant s'offrit et sauva Cottolengo séminariste. Plus loin encore, à l'école de Bra, le *bon chanoine* se revoit, petit écolier de cinquième, peu ouvert aux études, distrait en ses leçons par le souci des pauvres auxquels il a pourtant déjà donné la moitié de son déjeuner; habile à la géométrie pratique qui sait cuber une chambre et dire combien de lits on y pourrait placer, mais revêche à la spéculation et à la grammaire. Pourra-t-il atteindre un jour à son rêve sacerdotal? Sa mère, une vraie chrétienne — elle a douze enfants, — lui suggère de recourir à *saint Thomas d'Aquin*, et voici que le petit Joseph Cottolengo, un des derniers de la *sixième* et de la *cinquième*, monte, à partir de la *troisième*, dans les premiers rangs; on le verra, par la suite, attirer tout particulièrement l'attention du clergé turinois à sa thèse de doctorat.

Aussi bien, est-ce la reconnaissance qui a mis le Petit Séminaire de la *Piccola Casa* sous la protection de saint *Thomas d'Aquin*, moins connu et vénéré, vers 1840, qu'il ne l'est depuis Léon XIII.

Chaque année, le Séminaire des *Tommasini* a produit sa gerbe, et une floraison de prêtres couronne le grand jardin de Cottolengo.

D'ici, ils vont aux Grands Séminaires des divers diocèses, et s'offrent aux paroisses ou aux missions; plusieurs sont évêques déjà, mais plusieurs aussi ont voulu revenir à la *Piccola Casa*. C'est la famille, la Congrégation des *Prêtres de la Très Sainte-Trinité*, analogue à celle des *Oblats*.

Cottolengo, né à l'ombre d'une église de la *Sainte-Trinité*, à Bra, fut nommé, à Turin, chanoine de la *Très Sainte-Trinité*, titre du Chapitre métropolitain dont faisaient partie les prêtres du *Corpus Domini*. Absorbé par le travail grandissant de la *Piccola Casa*, il eût voulu se défaire d'un canonicat qu'il n'avait point recherché, mais ses collègues, jadis inquiets et maintenant admirateurs, le gardèrent toujours, honorairement du moins, parmi eux.

C'est que sa *Petite Maison* est devenue, à elle seule, une active paroisse. Une vingtaine de prêtres aujourd'hui suffit à peine à la desservir, étant donné l'intense vie chrétienne de cette ville sainte, et les nombreux autels où chaque jour la communion est donnée, nous verrons comment. Distributeurs des sacrements et de la parole de Dieu, les prêtres de la *Très Sainte-Trinité* maintiennent en ferveur l'âme de la maison.

Auprès d'eux, les *Fratelli*, nouveaux Frères de Saint-Vincent de Paul. Une vocation ardue, de recrutement difficile : ils sont une trentaine. Il leur faut un tempérament spécial, robuste de corps et robuste d'âme. A eux sont confiées les pesantes charges : charges de confiance et gros travaux, surveillance des ateliers, éducation des garçons, catéchisme des infirmes, le plus lourd travail dans l'hôpital des hommes, et dans la sacristie, au chœur, le service des autels, des longues cérémonies, où se plaît la *Piccola Casa*. Ils ont, comme chaque famille, leur heure d'adoration, et c'est chose impressionnante de les voir, immobiles, quelques uns debout, comme les stylites de Thébaïde, sur un marchepied, la tête relevée par le haut col blanc, un cœur rouge éclairant, sur leur poitrine, la soutanelle noire. Ils se reposent.

LE BIENHEUREUX COTTOLENGO

Ces hommes de dévouement sont venus du dehors vers la vie religieuse; souvent des infirmes, après guérison plus ou moins complète, offrent ainsi leurs forces au service de la bienfaisante *Casa*. Des enfants aussi ont senti un attrait supérieur vers cette vie de dur travail et d'oraison; ils sont alors formés parmi les *Fratini*.

Ils sont cent vingt-sept aujourd'hui. Ecoutez leur gaieté gazouiller dans l'enclos voisin, où jouent ces *petits frères*, à côté des fleurs bourdonnantes d'abeilles, sous

SOUS LES TREILLES

les arceaux de vigne qui leur font, de leurs larges feuilles, des gestes de bénédiction.

****

Tout à côté, un autre jardin, un autre enclos, singulièrement silencieux. Des enfants sont là pourtant qui s'amusent. Ils nous saluent avec le clair sourire de la maison, mais ils n'ont point dit le traditionnel *Deo gratias!*

Notre premier pas chez les sourds-muets de Cottolengo! Ils y sont près de trois cents, divisés en deux familles, et un monastère cloîtré, monastère unique au monde, la merveille de la *Piccola Casa*.

Ces familles ont des *enfants* de tout âge. Dans la cour où nous entrons, le ballon bondit, allant d'un gamin de dix ans à un vieux de soixante-dix. *Football* moins correct peut-être, mais plus silencieux encore qu'à Eton.

Ailleurs, on trouve aujourd'hui de savantes institutions pour les sourds-muets. Ils y apprennent à guérir leur mutisme, à ne presque plus souffrir de leur surdité. A Chambéry, jadis, une Dame du Sacré-Cœur faisait parler ses muettes avec la plus exquise distinction. On en a débarrassé le territoire français.....

Nos familles de muets n'apprennent point ces choses difficiles et de long entraînement. Elles gardent leurs signes naturels, internationaux, avec cette grammaire instinctive, si curieuse à étudier, chez deux muets qui, venus de deux pays lointains, se comprennent immédiatement.

Et puis, ce sont ici des pauvres; souvent pauvres d'intelligence aussi, ils ne peuvent être ambitieux. S'ils veulent un jour quitter la *Piccola Casa* — ils n'ont qu'à pousser la porte, — on leur trouvera au dehors un modeste emploi, sinon la *Casa* les occupera bien. Parmi eux, les plus robustes travailleront à la boulangerie; d'autres seront balayeurs ou forgerons, les anciens instruiront les plus jeunes, et tous prendront leur active part de la prière. Oh! ce spectacle de muets et de muettes, chantant à leur façon, avec toute l'église, le *Tantum ergo!*

Si l'on assistait à une répétition, on serait vite au courant de cet *Esperanto* rapide et vraiment international.

Une jeune muette, rougissante, les yeux baissés, récite les Béatitudes; la Sœur, du bout des doigts, lui demande d'articuler mieux, et, très nettes, se détachent les phrases, sous leur construction intéressante: sujet, régime indirect, verbe, régime direct.

Chez les muets, un petit homme fait répéter les litanies. Il fronce le sourcil; un vieux là bas prononce mal, escamotte les signes; allons, la main à plat devant les yeux. Bien! Ensuite, des deux mains, soupeser quelque chose, est-ce compris? *Speculum justitiæ*. le génitif placé en second lieu. Il regarde encore, d'un air pas commode, un nouveau encore peu dégrossi, qui bougonne vaguement en se retournant de côté et d'autre. Et les rapides signes ont dit: « Toi... à moi... tourner... tête... pas... sinon... moi.. à toi... donner... pénitence. » Le *Sauveur*, qui déliait les langues muettes, *saint Jean-Baptiste*, guérisseur du mutisme paternel, sont les patrons spéciaux de ces deux familles, où, volontiers, on s'attarderait, étonné de leur pénétration des choses abstraites, résultat et récompense de leur éducation spirituelle très développée.

Nous traversons des tunnels, des cours où sèche le linge: nous longeons le mur d'enceinte; des fils électriques se concentrent vers une haute maison, qui ronronne et travaille, toute poudrée à blanc; c'est le moulin. Beaucoup de travail ici, et la journée entière, pour les dynamos, les machines allemandes et américaines, dernier modèle, pour les ouvriers aussi. Il s'agit de fournir, à raison de 1 600 kilos par jour, ce pain que Dieu voulut quotidien.

Nous saurons tout à l'heure la quantité requise pour un autre pain, quotidien ici encore, et suprasubstantiel. Pour celui-là, une machine spéciale trie, à part, la fleur de farine.

Puis les pétrins mécaniques: un moteur de 13 chevaux travaille constamment, et la *Piccola Casa* consomme, en éclairage électrique ou force, plus de 25 kilowattheures par jour.

Jetons un coup d'œil aux trois fours d'où de robustes muets retirent les pains ronds, croustillants. Les baguettes de *grissini*, léger pain de croûte, sont achetés au dehors. C'est la gourmandise piémontaise; comment en priver nos recueillis?

Sous l'église, la fabrique de pâtes et les séchoirs.

Nous sommes en Italie, le blé y subit d'étonnantes transformations entre ces agiles doigts de sculpteurs, de dessinateurs et de fleuristes. La famille des *Invalides* aide à ce travail; celle aussi de *Saint-Antoine*, vieillards solides encore et qui veulent utiliser leurs dernières forces au service de l'accueillante maison. Pour les *Invalides*, estropiés ou aveugles, c'est moins un réel travail qu'une occupation de quelques heures.

Gais comme des aveugles, les invalides de la vue viennent ici chacun à leur tour. S'ils n'ont pas été sages, ils sont privés de tourner au manège, mais sinon quel plaisir! Le sourire aux lèvres, et un bout de cantique aussi, rythmé au pas égal des souliers solides, tourner, tourner dans la bonne odeur de la pâte chaude, et sentir s'allonger, sous la presse à vermicelle, les tiges de blé qui renaît plus frais, plus tendre qu'à son premier éveil de terre!

Un vif ruisseau, canalisé sur une roue motrice; encore des bruits d'atelier, mais de pauvre atelier où l'on chôme souvent, pour se reposer..... à l'église.

Ici, sur un soufflet, pédale un manchot; un cul-de-jatte fait de la couture; d'autres estropiés unissent leurs restes de membres pour se faire relieurs, cordonniers, pour menuiser un peu auprès de la scie circulaire et des tours.

Mais l'heure sonne, pas de travail supplémentaire; si la *Casa* a besoin de vrais ouvriers, elle en fera venir du dehors. C'est l'heure d'adoration. Alors la scène étrange, émouvante : ceux qui ont des membres saisissent ceux qui n'en ont plus, les mettent sur leur dos ou dans les voiturettes, et, les uns courbés, les autres doublés en hauteur par le fardeau humain juché sur leurs épaules, ils s'en vont clopin-clopant, en procession tout de même, chez celui qui les invita si expressément, aveugles, boiteux, *pauperes ac debiles*.

*
* *

Plus loin, une vaste maison bien fermée, toute ouatée, semble-t-il, où les visages mêlent au tranquille sourire d'ici je ne sais quoi d'inquiétant. Ah! certes, on les fuit ailleurs, on les abandonne en leurs accès, et tous les dévouements, même à la *Piccola Casa*, n'ont pas la robustesse suffisante pour surveiller, soutenir et retenir les *épileptiques*. Famille du *Bienheureux Amédée de Savoie*.

On les occupera cependant, sans les perdre jamais de vue, règle absolue des Frères et Sœurs chargés de cette difficile garde. Autour d'eux, Cottolengo voulut que tout fût arrangé, meublé et garni pour amortir les chutes, à ces victimes du haut mal.

Descendons d'un degré plus bas. Ici, l'intelligence même est infirme, mais on ne se permettrait jamais d'appeler *idiots* ces pauvres êtres occupés à trier des pois, Famille de *Bethléem*. Cottolengo, ouvert à toutes les infirmités, renvoie cependant les fous furieux au grand hospice voisin du *Manicomio reale*.

Plus bas encore. Des clameurs, des rires subits qui font mal, des aboiements..... On hésite à entrer, à passer là quelques minutes..... Des religieuses y passent leur vie. Les *Bons-Enfants!* si quelqu'un hasardait le nom technique, il comprendrait vite qu'il a froissé les convenances de la maison.

Il faudrait pourtant tremper sa plume à l'encrier de Huysmans et de Maxime du Camp pour noter ici son impression, son angoisse, le haut de cœur involontaire, devant cette famille en blouses, en rangs espacés sur des sièges spéciaux, qui s'agite et gesticule avec des gestes brusques, et bave de toute façon, avec des bouches tordues en monstrueuses expressions de physionomie.

Des monstres ? Ils sont reçus à la *Piccola Casa*. Ne faut-il pas qu'ils trouvent un coin pour se terrer, les pauvres êtres ?

Ici, vinrent échouer des *curiosités*, exhibées au temps de Barnum et abandonnées ensuite. Ici encore, de misérables déchets humains privés, semblait-il, de tous les sens, vécurent cependant emmaillotés, nourris, nettoyés et parfois élevés, à force de miraculeuse patience, jusqu'à la possibilité de recevoir l'Eucharistie. Et quel respect autour de ces pauvres *Bons-Enfants!* De nobles religieuses restent là, purifiant tout, dans cette lourde atmosphère. Le rayon de soleil fait vraiment bien l'antisepsie!

— Ce qui rend si recommandable à Dieu et aux hommes la *Piccola Casa*, disait Cottolengo, ce sont les crétins. Le monde les repousse plus que tous les autres malheureux, et c'est pourquoi il faut les secourir davantage..... Ce sont nos lettres de change envers la divine Providence.

De toute manière il les secourait; il se faisait un plaisir de les amuser, et les *Bons-Enfants*, une fois lâchés, n'avaient pas la plaisanterie légère ni appétissante.

Un jour, l'évêque de Verceil, cherchant le supérieur de la maison, le trouva dans la cour des *Bons-Enfants* jouant aux boules avec Doro, le préféré du Père, car c'était bien le dernier de la maison, et Monseigneur dut attendre en souriant, et marquant lui-même les points, que la partie fût achevée, « afin, disait Cottolengo, de ne point froisser ce brave homme, *questo gualantuomo* ».

Un nain était parmi eux, venu on ne sait d'où, avec des allures vraiment sauvages. Et comment parler d'allure pour ce monstre qui n'avait pas de jambes ? Mais il rampait d'un endroit à l'autre, et mordait comme une bête. Indomptable en tout, on ne savait qu'en faire. Cottolengo le prit à sa charge. A force de sucreries, de caresses et de plaisanteries, il l'amena à rire ; depuis, il put en faire presque un homme, et suffisamment un chrétien.

La première *perle* de ce genre — on les nommait ainsi, — la perle fondamentale de cette double famille de *Bons-Enfants*, était une *Bonne Fille*, hélas ! une fillette de douze ans, qui arrivait à Cottolengo hébétée, affamée, rejetée de tous....., et enceinte. Elle fut la fondatrice de la famille des *Saints-Innocents. Buona Figlia !*

.*.

Nous sommes au quartier des femmes. Un tunnel nous y conduit, traversé d'autres tunnels encore, avec un va-et-vient incessant de coiffes et de robes noires. A peine un mot ; les actives fourmis se croisent, se saluent deux secondes et se comprennent, allant chacune à la besogne fixée. Ce sont les *Vincentines*, le nerf de la maison. Ce sont encore les *Probandes* en petit bonnet rond, et chargées de lourds paquets de linge, d'eau chaude ou de pain frais. Elles font le rude apprentissage, avant le noviciat qui doit les recevoir Sœurs de Saint-Vincent de Paul.

Les innombrables Sœurs de *Sainte-Marthe*, cuisinières dans la maison et gardes-malades au dehors.

Au quartier féminin, nous retrouvons les familles de tout à l'heure, mais d'autres encore, et beaucoup plus nombreuses.

Cottolengo les voyait croître en nombre et utilité. Il disait alors aux jeunes Sœurs envoyées à travers le monde :

— Quand vous serez bien vieilles, inutiles à tout, vous reviendrez à la *Picco'a*

Casa et vous serez émerveillées de son développement. Si vous ne trouvez personne qui vous dise : voici telle famille et voilà telle autre, vous ne vous tirerez point d'affaire et ne saurez où aller. C'est un vieux radoteur qui vous le dit, souvenez-vous-en tout de même.

Que ce vénérable radoteur disait bien ! Il nous faut un guide à travers le labyrinthe d'enfants, de communautés, de familles ; il nous faut aussi une spéciale faveur pour oser approcher des cloîtres rigoureusement clos.

Nous connaissons déjà les petites *Ursulines*, enfants recueillies, fillettes en péril, qui essaimèrent en nouvelles familles *Genovefe, Luigine*. Voici, après les *Invalide* et *Buone Figlie*, après la famille des épileptiques, protégée par *sainte Marie-Magdeleine*, celle des scrofuleuses, en voile blanc sur la robe gris bleu. C'est la famille de *Sainte-Claire*, qui s'occupe de couture et de lingerie.

Les *Pastorelle*, religieuses de complexité délicate, font le catéchisme aux malades.

Elles sont la dernière fondation du vénérable serviteur de Dieu ; l'idée lui en vint en septembre 1841, quelques mois avant sa mort, idée qui devait compléter son œuvre.

Une jeune fille de dix-huit ans lui avait été présentée, d'honnête famille et de bonnes mœurs, mais pauvre et peut-être en réel danger. Elle n'avait ni la force physique ni la vocation pour devenir *Vincentine*, encore moins le désir de la vie cloîtrée. Où donc la conduire ?

Alors le Vénérable eut l'inspiration d'une règle, d'une famille spéciale pour ce besoin spécial, et qu'il avait fréquemment rencontré. C'est une demi-clôture, une vie à la fois active et contemplative, adoucissant l'une par l'autre, et tout imprégnée de prières. Au lieu donc de demeurer inutiles au seuil des monastères, hors du monde cependant, les *Pastorelle* ont trouvé la bonne terre qu'il fallait à leur tempérament, à leur âme, le jardin où fleurir splendides, à leur manière, c'est-à-dire à la manière spéciale voulue de Dieu.

On les aperçoit ainsi, en leur robe violet sombre et leur scapulaire bleu de ciel, allant à leur travail, aux infirmes, aux vieilles, aux idiotes, dans les dortoirs et les salles de couture où, patiemment, longuement, elles font le catéchisme et préparent de chétives âmes à l'honneur des sacrements. Puis elles rangent du linge, et, entre temps, elles prient. Le dard de leurs jeunes prières est chargé de percer le nuage des blasphèmes montant de la terre et de protéger aussi les jeunes filles en péril.

De plus lourdes tâches attendent les Sœurs de *Sainte-Éliane*, de vraies religieuses aussi, que leur moindre capacité réserve à la buanderie.

Ici, on le devine, avec des hôpitaux tenus à la plus stricte hygiène, le travail des lingères, des lavandières surtout, devient énorme. Sept cuves de ciment, constamment pleines, l'eau ruisselle, et les Sœurs *Élianes*, rouges et contentes, battent la lessive au chant des litanies.

La lingerie aux mains des Sœurs de la *Sainte-Croix*. Les cuisines chez *Sainte-Marthe* : *sollicita non turbatur*. Elles ne se troublent point, les actives religieuses, elles ont pourtant quelque sujet de sollicitude autour des quatre grands fourneaux où s'amoncellent les quartiers de viande et les chaudrons de soupe. Non point une *polenta* quelconque ; on fait ici de la vraie cuisine. Cottolengo y regardait de près, les médecins aussi, et l'amour de Dieu plus encore : *Caritas urget*. La consigne n'est point à l'économie, et ni Sœur cuisinière ni *Probande* ne songe à l'anse du panier.

« C'est Notre-Seigneur que vous servez. N'oubliez pas que les pauvres sont les maîtres ici. Il faut donc les bien soigner, sinon ils s'en iraient..... » Nous reconnaissons cette voix.

Aussi avec quel soin les portions se préparent et se distribuent aux dortoirs, en vastes casseroles et petits plats d'aluminium : soupe grasse, soupe maigre, viandes rôties ou bouillies, des pâtes surtout et des fruits cuits dans leur jus ; la médecine est décidément fruitarienne aujourd'hui. Tous les matins, le café au lait ; et qu'on ne glisse point de la chicorée à 5o centimes la livre au lieu du Portorico à 2 francs ; si l'on offre le thé, que ce ne soit pas une infusion des herbes de la Saint-Jean. Le bon Dieu est fin connaisseur.

****

Mais, que parlons-nous cuisine ? Voici des religieuses contentes et en belle santé, dans un jeûne perpétuel, soutenu seulement avec des soupes aux légumes, du pain mi-seigle mi-froment, de l'eau claire et des salades, salades hygiéniquement relevées d'une pointe d'ail. Ce sont les *Carmélites* déchaussées, et d'un Carmel rigoureux, particulier à la *Piccola Casa*. Elles ne sont plus ici, mais à l'autre extrémité de Turin, sur les collines de Cavoretto, où elles prient, elles souffrent et gardent un perpétuel silence, afin que la grâce de Notre-Seigneur descende plus abondante sur le Pontife romain et tous les pasteurs d'âmes.

Chacun des sept monastères de la *Piccola Casa* a, de la sorte, un but spécial de prière et de souffrance joyeusement acceptée.

Ce ne fut point à la légère que le vénérable Cottolengo entreprit d'aussi graves fondations. Longuement méditées, expérimentées peu à peu, il essayait sur lui-même l'effet des jeûnes et des macérations que Dieu lui inspirait. Ses règles étaient soumises à l'archevêque de Turin, et Mgr Fransoni, bénissant Dieu de la merveilleuse floraison réservée à son diocèse, approuvait et encourageait.

Règles et costumes, régime, but spécial

où diriger toutes les prières, Cottolengo les disait inspirés d'en haut et tenait aux détails.

Séparé aussi de la *Piccola Casa*, mais plus rapproché que le *Carmel* du *Cavoretto*, voici le monastère du *Suffrage*. Pauvre couvent sans éclat, comme l'humble prière qu'il exhale, mais combien laborieux !

Au bord de la Doire, qui roule à travers le Valdocco, torrentueuse et souillée, un enclos fermé de hauts murs. Toutes les fenêtres masquées, pas de clocher, point de chapelle visible, un peu de verdure dépasse la muraille, et le silence y est profond. Il n'y a pas même de parloir. On dira les choses nécessaires à travers le guichet, à la porte. Les servantes d'âmes ont trop à faire. Pas de conversations.

Servir, par une constante prière et expiation, deux classes d'âmes, voilà leur but. Ames des mourants, vous êtes aidées par les Sœurs de la Suprême Pitié, *Pietadine*. Sur leurs épaules, une longue croix rouge coupe le scapulaire blanc, car elles portent continuellement la Passion du Sauveur en leur pensée, en leur vie. Elles sont toujours au nombre de trente-trois. A minuit, toutes ces crucifiées se relèvent de leur dure couchette, et, processionnellement, vont à l'invisible chapelle prier deux heures d'oraison pour vous, âmes qui trépassez.

Et après ?

Après, d'autres servantes d'âmes sont au travail encore : les Sœurs du *Suffrage*, qui donnent leur nom au double monastère.

Premier cloître fondé, en 1840, par Cottolengo avec ses plus anciennes religieuses, aspirant à une vie contemplative, ce monastère du *Suffrage* s'ouvrait ensuite à des jeunes filles, à des veuves aussi, et avait un seul but, le soulagement du Purgatoire. Trois par trois, les *Suffragine* sont constamment de garde auprès du Très Saint Sacrement exposé ; leur *Miserere* monte, incessant *de profundis*, et dans l'intervalle de leurs prières, Sœurs du *Suffrage*

et Sœurs de la *Pitié*, penchées aux deux rives de la mort, entendent la tumultueuse rivière couler, au pied de leurs murs, rapide et charriant de tristes choses.

La prière est spécialement abondante entre ces pauvres murs bien nommés, le *Suffrage*. A une jeune Sœur *Vincentine* se plaignant que, dans le coup de feu de la journée active, on eut moins le temps de penser aux âmes du Purgatoire : « De quoi vous inquiétez-vous, répondait le vénérable Cottolengo ? N'avons-nous pas nos Sœurs du *Suffrage*, dont le devoir est de prier, de payer pour tous. Chaque jour l'office des morts, le rosaire, l'office de la Très Sainte Vierge et un psautier de cent cinquante *Miserere* devant le Saint Sacrement exposé. Notre-Seigneur a son psautier de cent cinquante psaumes ; la Bienheureuse Vierge a le sien de cent cinquante *Ave Maria* ; n'en faut-il pas un pour les âmes du purgatoire ? » Ces pauvres âmes, en leur prière de si longue agonie, doivent bien, en effet, redire la même oraison : *Eumdem sermonem dicens*.

Alors, peu de temps reste aux conversations du dehors, et l'on comprend le tout petit guichet, dans la porte d'entrée, en guise de parloir. Que de fois on s'en est plaint ! Et les douces recluses, transmettant ces protestations à leur fondateur, l'entendaient répondre en riant : « Cela va bien. Si vos amies s'ennuient à cette ouverture, elles ne viendront pas si souvent et resteront moins. Combien vous y gagnerez de solitude et de recueillement ! »

Servir les corps, servir les âmes : âmes des mourants, âmes des trépassés ; le serviteur de Dieu cherchait à servir encore.

Voici des âmes mortes à ressusciter.

Au Carême de 1840, une mission des Frères Prêcheurs a remué la population de Saluzzo. Ils en ramènent douze pauvres filles tombées et que Notre-Seigneur releva. Où trouver un refuge ? Le *Refuge*, admirablement établi par cette grande bienfaitrice de Turin, marquise Barolo de Colbert, ne peut les recevoir. Le *Bon-Pasteur* aussi se trouve surchargé, mais Cottolengo n'est-il point là pour accueillir les pires déchets et les rebuts d'hospices ?

Non seulement elles furent acceptées, les douze, mais relevées, élevées par les *Carmélites* de Cavoretto, elles fondèrent un nouveau cloître, sévère et fervent, tout entier occupé à prier et souffrir pour les pécheresses. *Sainte Thaïs* prie avec elles. Le monastère des *Thaïdines*, jadis éloigné de Turin, se trouve aujourd'hui dans la grande et fiévreuse ville, au cœur de la *Piccola Casa.*

Et voici, l'œuvre unique maintenant, le monastère qui ne s'était jamais vu. Jamais le silence ne s'y interrompt ni la prière : monastère des *sourdes-muettes*, le *Saint-Cœur de Marie.* Il fallait le génie surnaturel de Cottolengo pour compatir ainsi aux âmes que Dieu appelle et qui ne trouvent aucune règle possible. L'idée conçue par le Bienheureux ne fut réalisée que par son successeur, le P. Anglesio, en 1848, quand, dans la famille des *sourdes-muettes*, des âmes se laissèrent voir avec de plus sublimes envols.

La Providence avait de grands desseins sur la plupart de ces âmes. Elle voulait que ces créatures, si diminuées, pussent participer à la dignité d'épouses de Jésus-Christ. Comme les autres religieuses, elles ont leurs vœux et leur plus stricte clôture, mais aussi leur très spéciale psalmodie, et, comme chez les autres familles de muets,

des exhortations, des prédications toutes particulières. Près du *Saint-Cœur de Marie* elles ont trouvé enfin le lieu de leur repos, c'est-à-dire de leur travail réservé.

Travail des doigts. Jetons un discret regard. Sous les longs voiles blancs, toutes les têtes sont courbées, mais les mains sont actives, et l'éclair des aiguilles s'accompagne de vifs reflets, soie, or et argent. Reconnaissez-vous, sur les larges tambours, ces broderies merveilleuses ? Leur éclat, sans doute, vous a déjà frappé, en traversant l'église ; leur dessin exquis est recherché en dehors de la *Piccola Casa.* Voici les fines brodeuses que ne distrait point le bavardage de l'atelier. Aussi bien, sont-elles chargées exclusivement de la parure des autels, du soin des linges sacrés et des vêtements sacerdotaux.

Un autre monastère fermé, celui du *Sacré-Cœur de Jésus*, s'occupe aussi de travaux d'aiguille, et, comme celui des *sourdes-muettes*, a un but spirituel étendu. Chez les Sœurs du *Saint-Cœur de Marie*, doublement recluses, la prière doit voyager loin, bien loin, jusqu'au plus lointain missionnaire, jusqu'aux chrétientés perdues dans la brousse africaine, où vont aussi travailler d'autres Sœurs de la *Piccola Casa.*

Et la nuit, quand les adoratrices du *Précieux Sang* ont achevé leurs deux heures de veille, silencieusement les cinquante religieuses sourdes-muettes descendent en procession, et les anges de l'autel écoutent, deux heures encore, leur admirable concert.

V – Saint Vincent de Paul

Dans le petit salon d'entrée, à la *Piccola Casa*, deux bustes se font face et sourient.

L'un, figure assez pleine, cheveux longs en arrière suivant l'ancienne mode ecclésiastique, une fossette joyeuse au creux de la joue, et des yeux attirants; on s'arrête volontiers devant le *bienheureux Cottolengo*.

En face, un visage bien connu depuis trois siècles, d'où rayonne, au lieu de la beauté, cette bonté surnaturelle que Dieu voulut active jusqu'à nos jours, sans limite de temps ni d'espace, et *saint Vincent de Paul* continue, ici, de façon toute spéciale, son fécond et immortel apostolat.

Entre ces deux physionomies, de frappantes similitudes. Même ingénieuse bonté, d'où même dextérité à manier les hommes. Le même dénuement pour soutenir les mêmes ambitieux projets; la même Providence y a pourvu, car la foi était la même encore, et la charité. Cependant, à Turin, cette charité semble plus abandonnée encore à la Providence qu'elle ne le fut à Paris. Elle est plus concentrée du reste. Vincent de Paul est au Louvre, en Lorraine, en Alger, prisonnier à Tunis, reclus à Châtillon, aumônier général des galères à Bordeaux, à Marseille, et ses *missionnaires* ont sillonné le monde.

SAINT VINCENT DE PAUL

Cottolengo n'a point quitté le Piémont natal; il ne demeure qu'à Turin, à la *Piccola Casa*. Cette *Petite Maison*, du reste, qui est une petite ville, ressemble assez à la *nouvelle ville* dont parlait Bossuet émerveillé, où cinq mille mendiants étaient hospitalisés dans l'enclos jusqu'alors réservé au salpêtre.

Vincent de Paul avait enfin réalisé le gigantesque dessein « d'ôter la mendicité de la capitale », où s'étaient trouvés impuissants Henri IV et Marie de Médicis. Mais que la *Salpêtrière* paraît monumentale, et, aujourd'hui, violemment différente, à côté de la *Piccola Casa!* Cependant, la grandeur même des idées et des résultats prouve le même génie de gouvernement. Notons encore ici des nuances: *Monsieur Vincent* a une situation officielle, il est auprès des grands, il assista Louis XIII; la régente l'appelle à présider le « Conseil de conscience », il résiste à Mazarin, c'est une force politique. Le bon *chanoine*, ami du roi Charles-Albert, et qui tapote les joues du petit Victor-Emmanuel, ne figure point aux réceptions de cour; il n'en reçoit aucune pension, et, chose étonnante — disons providentielle, — les mains, les charitables mains des reines de Sardaigne, ne se sont point ouvertes pour Cottolengo.

Ces deux constructeurs élevèrent de grandes choses; l'un, modèle de l'autre, qui ne veut construire que sous ses auspices, *sotto gli auspizi di san Vincenzo de' Paoli*. Cependant, celui-ci travaille plus en profondeur, et celui-là en étendue; l'un davantage fondateur est aidé par les plus intelligentes initiatives, l'autre agit et gouverne presque seul, mais sa forme de gouvernement demeure intacte.

Tous deux, cependant, pères des pauvres, ont eu, pour étendre leur charité, l'aide d'une âme maternelle : à Turin, Mme veuve Nasi, comme cette autre veuve célèbre, que Paris nommait jadis *Mademoiselle* Le Gras.

Pénétrons un peu cette façon de gouverner, gouvernement bien spécial à la *Piccola Casa*.

Un seul supérieur dirige toute la *maison*. A lui, chaque chef de *famille* fait son rapport, et rien n'a lieu sans l'autorisation du *Père*. Gouvernement très absolu, sans Conseil d'administration ni rendement de comptes, et, depuis quatre-vingts ans, ses sujets ne paraissent point en souffrir.

Le gouvernement italien, si regardant à l'égard des œuvres pies, et très pointilleux en fait de comptabilité, laisse Cottolengo se gouverner à sa guise.

Depuis 1833, les lettres patentes du roi Charles-Albert ont créé cette anomalie; l'État italien n'a point modifié la faveur octroyée par le royaume de Sardaigne, et l'archevêché de Turin a toujours béni l'œuvre dont il est justement fier.

A sa mort, en 1842, le chanoine Cottolengo s'était choisi un successeur. On fit de même par la suite, avec une élection, toute en famille. Le P. Anglesio, nommé par le fondateur, gouverna jusqu'en 1881, puis ce fut le P. Bosso, de 1881 à 1891; ensuite le P. Rovetti; puis, en 1894, le chanoine J. Ferrero. Depuis 1916, le P. J.-B. Ribero porte, à lui seul, cette lourde et grandissante charge.

De lui partent tous les ordres que transmettent les religieuses *Vincentines*, nouvelles Sœurs de Saint-Vincent de Paul. A lui s'adressent toutes les demandes d'admission et les aumônes. Il distribue les emplois, et change les divers officiers de la maison. Pour Cottolengo, un supérieur n'est qu'une sentinelle en faction que l'on peut relever sans cérémonie.

Il rassurait ainsi le roi, inquiet de ce que pourrait devenir la *maison* après la mort du prodigieux fondateur. « Voyez, Majesté, votre sentinelle là-bas. On lui dit un mot à l'oreille, on la remplace, et rien ne semble changé. A ma mort, Dieu en enverra un autre qui fera mieux que moi. »

Le *Père* — il doit être surtout paternel, — le *Père* seul admet à la postulance et au noviciat. Entre ses mains, les vœux sont prononcés et renouvelés tous les six mois.

Il est juge encore et sans appel.

C'est donc le gouvernement absolu, mais de forme patriarcale, disons même *théocratique*. Le *Père*, uniquement préoccupé du bon plaisir de Dieu, passe sa vie dans l'unique recherche de ce plaisir divin par une prière constante et soutenue de la jaillissante prière qui ne cesse autour de lui; il revit l'existence d'oraison continuelle du vénérable Cottolengo.

Dieu vous voit! lit-on sur les murs, et l'on ne voit plus que lui dans l'effacement voulu de la personne du supérieur terrestre. Tous les remerciements sont dirigés en haut: *Deo gratias!* et les ordres viennent aussi d'en haut : « Voici la règle que Dieu m'inspire de vous donner, disait Cottolengo. Dieu voudrait que telle chose se fît. Vous plairez au Seigneur en acceptant ce sacrifice, cet emploi. En avant dans le Seigneur! » était son grand cri: *Avanti in Domino!* »

Que cela nous ramène loin dans l'histoire des gouvernements!

Quelle forme archaïque et barbare, dirat-on! et pourtant l'Italie, la très moderne Italie, celle de Cavour et celle d'aujourd'hui, tolère, encourage, favorise le développement de cet Etat dans l'État. C'est que l'Italie le connaît bien, et aussi l'Église.

Le symbolisme du petit parloir est suggestif. Les deux bustes se sourient parmi les choses disparates; de vieilles fleurs en étoffe sous des globes, des meubles de toute provenance, mais aussi des choses très modernes, le tableau du téléphone et la lampe Wolfram. Parmi des images pieuses, les photographies de quelques supérieurs, le buste encore d'un des bienfaiteurs insignes, et, au fond, dans leurs cadres dorés, les portraits du cardinal archevêque de Turin, ceux du roi et de la reine d'Italie, prennent part à la conversation.

Vincent de Paul, ici, a toute la *Piccola Casa* sous ses auspices, mais deux familles de façon spéciale.

S. EM. LE CARDINAL AGOSTINO RICHELMY
ARCHEVÊQUE DE TURIN

Nous connaissons déjà les *Frères de Saint-Vincent de Paul*, particuliers à cette maison. Leur rude travail, leur fatigue jusqu'à l'épuisement, dans les dortoirs, dans les ateliers, dans les hangars, dans les classes, n'est connu que de Dieu seul. Fatigue aggravée par le fait de leur petit nombre. Au début de 1913, ils n'étaient que trente-trois, un nombre cher à la *Piccola Casa*.

Un matin, j'aidais l'un deux à remuer les paillasses, et, serrant les dents pour me retenir le cœur sur les lèvres, à emmailloter un tuberculeux qui rendait ses vertèbres à demi-fondues par un trou entre les épaules. « Comment avez-vous trouvé les premiers jours? » demandais-je au *Fratello*, et lui, sans que son sourire en fût altéré : *Durissimi*, me glissa-t-il à l'oreille. Sur sa soutanelle, le large cœur rouge flambait, avec le mot *Caritas*.

Deux lits plus loin, un pauvre diable me fait ses confidences. Il a sur la jambe une énorme courge bleue, un sarcome que l'on n'extraira plus. Chaque matin, le Frère fait les lavages au sublimé, comme il nettoie toutes les plaies, et autres choses encore. L'incurable, un retour d'émigration, a goûté de divers hôpitaux, et il compare.

— Vous êtes content, en somme?

—Ah! je comprends (réplique-t-il, en un français de frontière appris avec les terrassiers du P.-L.-M.). Il me semble que je suis né ici. Pourtant, quand on m'amena, je valais bien pas rien. Pensez voir! en plus deça, je rendais tripes et boyaux, et des fois je perdais un peu la Calabre (une façon bien méridionale de perdre le Nord). Eh bien! le Frère, pas un mot plus haut que l'autre. Tenez, regardez-le, là-bas, qui essuie encore..... Si c'est pas dégoûtant! Des gens que ça n'avait jamais couché dans des draps propres! Il ne dira rien le Frère, va. Seulement, s'il trouve un bout de cigare qu'on mâche, histoire de se tusiller les dents, alors il grogne; c'est contre l'hygiène, qu'il dit puis.....

Ils ne semblent point tristes pourtant ni grognons, ces *Fratelli*.

Cette gaieté fait partie de leur héritage, trait de famille si caractéristique de la *Petite Maison*. Certaine matinée où le

pain se faisait attendre, Cottolengo demandait :

— Avez-vous remarqué si les enfants
sont de mauvaise humeur et murmurent
contre la Providence ?

— Non, les enfants jeûnent gaiement,
mais cela ne les empêche point d'avoir
bel appétit.

— Comme cela me plaît ! Le tronc des
aumônes est vide, sauf quelques pierres et
de vieux boutons. *Deo gratias*, le Seigneur
agira.

Une demi-heure après, assure le P. Gastaldi, on trouvait dans cette pauvre boîte
2 000 francs. La matinée fut très gaie, bien
reconnaissante aussi.

La scène se renouvelle un autre jour
pour le vin ; que de fois ne s'est-elle point
renouvelée en cette maison du *miracle
quotidien !* Plus une goutte, même pour
les malades. « Écoutez, dit en souriant le
bon chanoine, si les malades demandent
pourquoi il n'y a plus de vin, vous leur
répondrez que le Père a levé un peu trop
le coude ce matin, et que la provision a
disparu. Mais ayons patience, puisque le
Seigneur a vu que le vin nous manque
entièrement. » Le Seigneur avait bien vu,
en effet, et de suite il répondit.

Cette gaieté dans la confiance rayonnait
aussi dans l'humilité. Quand, sur la fin
de sa vie, il se trouvait environné, pour-
suivi par l'admiration ou la curiosité des
foules : « Que voulez-vous, disait-il, quand
on fait courir l'ours, tout le monde vient
voir. » Façon plaisante de prendre les
choses et aussi les personnes. Il gagnait
les pauvres gens et aussi les riches.

Les Sœurs étaient habituées à ses petits
mots taquins et paternels : *Ciocotta, barivella,* et encore à ses allusions fréquentes
au vin, au cabaret, à l'ivresse. Elles savaient
bien qu'il s'agissait du vin de l'amour de
Dieu, et que cette ivresse, qui devait les
rendre *ciocotte,* était une joie singulièrement mêlée de mortifications.

Mais, auprès des personnes du grand
monde, il employait volontiers la même
simplicité d'accueil. Que devait penser la
marquise Barolo Colbert, quand elle s'entendait dire qu'elle était une coquine :
« Une *birba*, une grande *birba ?* » Et de
quel sourire devait-on accueillir au château royal le reçu suivant ?

« Moi soussigné, et vrai *birba* dans
toute l'extension du mot, déclare avoir
reçu, le 29 octobre 1831, 5 000 francs des
mains très nobles du très illustre chevalier
Trabucco César de Castagneto. »

Cela, à propos d'un cadeau du roi ; et,
quand celui-ci envoie ses deux fils, les
ducs Victor-Emmanuel de Savoie et Fer-
dinand de Gênes, pour visiter la *Piccola
Casa,* Cottolengo, après les avoir promenés
partout, leur dit : « Ayez la bonté de
remercier mille et mille fois votre papa.
Dites-lui de ma part qu'il est un galant
homme. »

Mais, soudain, en passant devant une
sainte image, surtout devant l'autel, le
visage rieur prenait un tel sérieux, une si
imposante dignité, que l'on ne songeait
plus à le trouver trop simple. Puis, au cours
de la conversation, à la façon d'agir, on
découvrait — on découvre encore aujour-
d'hui — par toute la *Piccola Casa* une
politesse, une réelle distinction soutenant
toute cette gracieuse charité. Les grandes
dames et le roi Charles-Albert ne s'offus-
quèrent point, et maintenant, quand on
voit les *Fratelli* prier les bras en croix ou
servir à l'autel, on est saisi de respect.

Leurs sœurs en saint *Vincent de Paul*
sont bien plus nombreuses, en tout près
de trois mille. La *Piccola Casa* en emploie
cinq ou six cents à elle seule, et leur intel-
ligente activité, leur souriant enthousiasme,
que plus de quatre-vingts ans n'ont point
attiédi, font l'âme de cette maison, âme
toute vive encore de l'attentif et infatigable
fondateur.

Elles n'ont point la cornette blanche de

LE « BON CHANOINE » COTTOLENGO

nos *Filles de Saint-Vincent de Paul*, elles en sont les sœurs, *Vincenzine*, dit-on ici; on dit plus couramment *Cottolenguine*. Mais si la gracieuse coiffe Louis XIII ne leur fut point donnée, elles ont, comme leurs sœurs en cornette blanche, cette allure militaire si caractéristique. Une haute coiffure noire encadre comme un casque, presque comme une guérite, le bandeau blanc et la large guimpe raide coupée d'un cordon vert. Armure qui leur fait un maintien particulièrement digne pour leur rôle de surveillantes.

A la porte du « Père », de l'unique général des armées de la misère et du dévouement, un groupe de *Vincentines* attend les ordres, et leur tenue, le nœud rouge portant un cœur sur le cordon vert, nous donne l'impression — à nos yeux français — d'officiers d'ordonnance et d'officiers de la Légion d'honneur.

Et, de fait, si la *Piccola Casa* pensait à arborer ses décorations, elle se souviendrait que Cottolengo, c'est-à-dire toute son œuvre, fut décoré de l'Ordre des Saints-Maurice et Lazare, le premier Ordre de chevalerie italienne; décoré encore de la médaillé d'or par la Société française *Montyon* et *Franklin*.

A ces décorations, perdues on ne sait où, la *Piccola Casa* préfère sa chapelle aux reliques, d'une richesse extrême, cadeaux et marques d'honneur que les Vincentines conservent comme un trésor, car c'en est un.

Mais les officières décorées, secrétaires ou aides de camp, celles qui tiennent l'état civil et le compte des fournisseurs, sont aussi, le moment venu, simples soldats et simples manœuvres, de toutes les manœuvres qu'une femme forte peut exécuter.

Les plus répugnantes d'abord. Que disait donc leur père et fondateur?

« Les Sœurs doivent, pour l'amour du prochain, se plonger dans les misères et malpropretés jusqu'au cou. Telle est la dévotion de la *Piccola Casa*, celle que doivent pratiquer les *Vincentines*. »

Lui-même donnait la mesure de cette dévotion, riant et jouant avec les gueux qui arrivaient, en quel état....., et lavant des choses ou coupant des cheveux qui faisaient horreur.

Un soir, il revient de promenade avec un air singulier, sous son manteau plus serré que d'habitude :

— Donnez-moi des habits, dit-il au vestiaire.

— Lesquels?

— Tous.

Il avait fait un échange, et, vite, il fallait passer à l'étuve la défroque qu'il avait rapportée. Vermine et pourriture, mais bravoure aussi, et le cœur en haut.

Un large crucifix plane sur les dortoirs. Souvent les yeux des jeunes Sœurs montent vers lui, et puis s'abaissent de nouveau sur la pauvre chair humaine en putréfaction. Ah! qu'elles ont bien médité le mot réaliste d'Isaïe, redit par saint Pierre : *Livore ejus sanati sumus*.

— Votre charité doit se manifester avec tant de bonne grâce qu'elle gagne le cœur, disait encore leur attentif modèle. Soyez semblables à un plat bien servi, dont la seule vue fait plaisir. Soyez promptes à soigner les malheureux. Que jamais on n'ait besoin de vous appeler deux fois. Suspendez toute autre occupation, quelque sainte qu'elle puisse être. Tenez-vous, pour ainsi dire, constamment sur vos ailes pour voler à leur secours.

Et c'est bien l'impression qu'elles donnent à les voir s'envoler gaies, rapides comme hirondelles, avec la blancheur de la guimpe, sous le noir de leurs ailes.

Mais qui donc les envoie ainsi? Celui-là même qui fonda tant d'œuvres de pure oraison. Aussi bien, la nuit, à l'heure où, processionnellement, leurs Sœurs du *Suffrage* et du *Carmel* se rendent à l'église, processionnellement aussi, dans les dortoirs, passent les *Vincentines*....., et n'est-ce point le même Jésus qu'elles aperçoivent dans l'ombre, avec plus de répugnances auréolant leur humble foi?

Elles ont d'autres offices cependant de ceux qui réclament, auprès d'un hôpital, intelligence et dextérité. Toute la pharmacie de la *Piccola Casa* est préparée par des Sœurs *Vincentines*, et leur laboratoire, *Notre-Dame du Bon-Conseil*, est intéressant pour qui se trouve un peu du métier.

Il y passe journellement pour *500 francs* de produits chimiques. Autour des balances et des tubes, yeux et doigts sont sérieusement occupés; ils ont pourtant le loisir de glisser au visiteur une tasse de café qui n'a rien de trop pharmaceutique, vraiment.

Pharmaciennes, infirmières expertes, et, par conséquent, cuisinières et lingères à l'occasion, les *Vincentines* apprennent aussi la petite chirurgie, et les docteurs sont heureux de pareilles auxiliaires point nerveuses et jamais lassées. Eux qui connaissent de trop près le service mercenaire, combien ils apprécient le travail fait *par amour!* Avec quel accent ils en parlent! Ils ont, du reste, fait subir aux *Vincentines* les examens de pharmacie — examens difficiles aujourd'hui — et ceux de petite chirurgie.

Dès l'époque de Cottolengo, dix-sept Vincentines furent envoyées, la première année, aux examens de l'Université royale, et toutes reçues avec succès. Elles le devaient à leur professeur, le premier médecin de la *Casa*, Dʳ Granetti.

Il y a bien des fatigues diverses dans le service d'un hôpital : lourd travail des lits et de la propreté, jamais ces pauvres infirmes n'ont été tenus aussi nets jusqu'au bout des ongles.....; travail des pansements difficiles sur de plus difficiles patients. Voyez à plat, sur ce lit, cette pauvre femme; elle est là depuis trois ans : le mal de Pott. Parmi toute l'atmosphère de prière, de résignation qui l'entoure, ses yeux brillent pourtant avec de sauvages éclairs, car Dieu l'a bien oubliée....., mais elle se reprend et se mord la lèvre. *Patienza!* Est-ce à l'infirme que nous dirons cela, ou à l'infirmière qui met souvent une heure entière pour changer les draps et refaire ce lit?

Travail de jour, de nuit, travail de veille.

— Mais, ma Sœur, votre tour arrive donc toujours de veiller au dortoir?

— *Ja, ja,* oui, oui, c'est ma vocation; le bon Dieu m'a donné de n'avoir point sommeil la nuit.

Toutes n'ont pas ce don spécial, et pourtant il faut cinq personnes en faction dans chaque dortoir. Aussi pareille vie a besoin de soins particuliers : le régime, les récréations, le repos des *Vincentines* et Frères de *Saint-Vincent* sont réglés en conséquence. Mais, au point de vue de la santé, les rangs des *Vincentines* sont les plus décimés de toute l'austère armée religieuse de Cottolengo.

Non seulement ici, mais hors de Turin, dans les nombreuses écoles et infirmeries qu'elles dirigent, en contact fréquent avec les tuberculeux de ces pays industriels, la terrible maladie les guette. Aussi ont-elles une infirmerie spéciale, et Dieu cueille des fleurs qui d'avance lui avaient donné leur sève et toute leur vie. Ce final sacrifice n'est peut-être point le plus dur que demande leur vocation.

Le prudent Cottolengo savait que des religieuses aussi avancées sur la ligne de bataille avaient besoin d'armes et d'armure. En réalité, il ne mettait point en première place la charité pour le prochain, mais la charité bien ordonnée, celle qui regarde Dieu tout d'abord, et il armait ses filles spirituellement. Le premier noviciat fut terrible. Il y a de cela quatre-vingts ans, mais il semble remonter à quinze siècles, tant il rappelle les noviciats de la Thébaïde et des Pères du désert.

C'est aux premiers temps du *Valdocco*. Il s'agit de vaincre le désir de plaire et les retours d'amour-propre en de jeunes cœurs féminins, les premières *Vincentines* recueillies par la Mère Marie Nasi. Au début de juillet 1833, Cottolengo a choisi douze d'entre elles pour les soumettre d'abord à la clôture et au silence. Puis, la clôture s'entr'ouve le matin, et les laisse aller vers la paroisse, mais en quel accoutrement!

Des sabots, un gros vêtement informe avec une coiffure de même; sur la figure, un voile noir; elles ne voient plus que le bout de leurs lourdes chaussures. Dans la rue, on s'arrête, on rit, et, comme la scène se renouvelle chaque jour, les plaisanteries se renouvellent aussi et ne se gênent plus. A la maison, point de chaises; des servantes de pauvres peuvent bien s'asseoir par terre. Une cuiller en bois pour la soupe fort peu assaisonnée, un gobelet de bois, et l'eau du puits. Chaque jour, une dizaine d'heures en prières et les classiques macérations des cloîtres. Nous sommes bien en Thébaïde, aux prises avec ces rudes sculpteurs d'âmes qu'étaient les Pères du désert.

Le voyage matinal était surtout crucifiant, et notre *bon chanoine* ne paraissait guère s'en troubler. Un jour, nouvelle direction : « Vous cesserez pour le moment d'aller à la paroisse du faubourg. Vous irez en ville, au *Corpus Domini*. » Quinze jours durant, les héroïques filles, pour vaincre en elles tout souvenir du monde, durent braver la foule moqueuse, et le long de la rue d'Italie, à travers le marché aux Herbes, elles se rendaient ainsi, comme en mascarade, à l'une des églises les plus fréquentées alors de Turin.

Le jour de l'Assomption, la singulière

LA CATHÉDRALE DE TURIN ET LA CHAPELLE DU SAINT-SUAIRE

épreuve prit fin, et les douze Sœurs reçurent l'habit religieux. Des pierres fondamentales ainsi taillées purent soutenir les milliers d'autres qui devaient venir, et les *Probandes*, le nombreux essaim des postulantes d'aujourd'hui, n'ont plus besoin d'épreuves aussi extraordinaires.

Longtemps la règle ne fut point écrite. Le fondateur donnait des avis, inculquait la prudence, et spécifiait la pratique détaillée. En cas de visite, la religieuse aura toujours une compagne. Aucun étranger n'entrera dans sa chambre, si ce n'est, en cas de maladie, le confesseur, et accompagné. Si une religieuse est seule à la maison et qu'on frappe à la porte, elle répondra à travers le guichet : « Je suis seule. »

Même les fillettes ne se toucheront point la main, et on organisera des rondes en se tenant avec des mouchoirs. Que cette ronde plairait à saint François de Sales, le saint très avisé et le modèle de saint Vincent de Paul.

Quant à lui, ses yeux, avec leur bon accueil et leur clair sourire, ses yeux si voyants, semblaient invisibles, puisque des personnes ayant vécu longtemps avec lui en ignoraient la couleur ; et ce minime détail ne fut pas trouvé indigne d'être consigné, sous la foi du serment, au procès canonique. Il est significatif.

Il semble aller à la bonne — *alla buona* dit plus encore, — il rit, il plaisante tout le monde, les petites injures familières lui viennent vite aux lèvres, mais avec si peu de venin, en piémontais : « Birba ! Barivella ! Ciocote ! » « Je vous présente quatre têtes de choux », dit-il à l'administrateur d'un hôpital en lui amenant quatre Vincentines. Mais avec son air bonhomme, il est très distant ; personne ne se permet de le toucher, on n'a de conversation avec lui que de façon brève, à la porte, dans la cour ; il ne reste point avec une religieuse seule.

Sœur Béatrix, étourdiment, est entrée dans la chambre du Père. « Restez sur la porte ! » crie celui-ci un peu fâché. Et comme du premier coup d'œil elle n'a point compris, l'innocente : « Vous êtes si grande que vous me faites peur, lui dit le Père en riant ; vous seriez capable de me frapper. » Leçons enveloppées d'une plaisanterie ; c'est une manière.

Mais le fondateur faisait surtout prier, remercier, s'abandonner, pratiquer à la lettre la simplicité de l'Évangile.

« Aimez Dieu, marchez en sa présence ; charité, charité. Courage et joie dans le Seigneur. Amour et point de crainte. Simplicité. Générosité en tous les détails de votre vie. Acceptation amoureuse de toute épreuve. Regardez les images des saints, ils ont plus souffert que nous.

» Voyez bien Jésus-Christ dans les pauvres ; ceux que vous devez le plus chérir sont les plus rebutants, parce qu'ils le représentent mieux que les autres. Les plus infortunés sont les perles précieuses de la *Piccola Casa*. »

Perle précieuse et trésor, cette pauvre femme trouvée dans la rue et rongée vivante par les vers. *Trésor* aussi un avorton difforme, aveugle et idiot que le Vénérable amène, un jour, en voiture : « Venez vite, mes Sœurs, j'ai avec moi un trésor que je ne puis laisser sur la voie publique. »

« Si vous compreniez bien quel personnage vous représentent les pauvres, vous les serviriez à genoux. Ne sont-ils pas les vrais maîtres de la *Piccola Casa* ? »

Et de même qu'il se scandalisait à l'offre de mettre, pour la messe, un vin de qualité inférieure, ainsi voulait-il qu'aux pauvres on ne présentât « rien de rance, point de restes de la veille. Nos maîtres ne sont pas des serviteurs, et ne doivent manger rien de semblable. »

On acceptera de la sorte leurs radotages, leurs fantaisies, leurs travers. Aux vieux soldats de Napoléon il laissait indéfiniment raconter leurs campagnes, et à la bonne vieille, plus que centenaire, qui avait vu tant de choses, mais n'avait jamais vu les jeunes princes, Cottolengo montrait le petit duc Victor-Emmanuel.

Et ces règles, sembleront-elles assez banales ! la simple devise, par exemple, devise de toute œuvre de charité. « Voyez dans les pauvres Jésus-Christ lui-même. » Mais l'application en est faite ici avec une telle resplendissante intensité, qu'on n'y trouve plus rien de banal.

Elle prend, au contraire, cet air héroïque qui donne, à toutes ces servantes de pauvres, leur militaire tenue. Toutes semblent avoir même visage, même voix, cette voix claire, un peu brisée, dirait-on, par la pitié, avec des intonations piémontaises attendries, mais aussi avec de fermes réponses, ou de souriants *Deo gratias*.

Et vraiment, les anciennes ont mêmes traits, avec le casque un peu de travers, tant elles s'empressent, et les mains adroites à tous les services. Souvent aussi le regard en haut vers le crucifix qui les surveille, vers le tabernacle qui n'est jamais loin. Elles furent une avant-garde, ces *Vin-*

centines, et bataillèrent avec Cottolengo, préparant, cinquante années d'avance, par leur quotidienne communion, les triomphes eucharistiques d'aujourd'hui.

Ailleurs on trouvait d'aussi infatigables dévouements, on ne trouvait point d'aussi persévérantes communions, et tous, du reste, s'en scandalisaient : administrateurs d'hôpitaux, médecins, curés, petits vicaires, tous s'efforçaient de modérer cette intempérance spirituelle, ce manque d'humilité, de préparation, que sais-je encore?

Cottolengo tenait ferme. Il répondait aux administrateurs :

— A cause de leurs travaux et des dangers qu'elles courent, les Sœurs ont besoin de force et de secours, et elles les trouvent dans la communion quotidienne qui les enivre envers Dieu et les âmes.

Et à ses filles :

— Si je vous appelle *ciocote* (un peu ivres), c'est bien que vous devez être enivrées du sang de Notre-Seigneur et de sa divine charité.

Mais quand les administrateurs semblaient persécuter leur piété, le *Père* parlait haut :

— Messieurs les administrateurs n'ont ni le devoir ni le droit d'empêcher cela, quand les Sœurs font leur devoir et plus que leur devoir. Pourquoi les priver de cette consolation, la seule qu'elles possèdent? Ce qui tient debout la *Piccola Casa*, c'est la prière et la communion.

Pour les *Vincentines* en particulier, ce qui les maintient dans la vertu, c'est la communion, *créatrice des vierges*.

En cas de résistance à cette règle, il retirait ses religieuses des fondations entreprises, car il y voulait, comme à la maison-mère, des heures de silence, de prière, de catéchisme expliqué; il y voulait surtout la vie eucharistique.

Alors, il tenait pour assuré leur apostolat : *Avanti in Domino !*

— Présence de Dieu, regards baissés, tête haute, rosaire au côté : au milieu d'un régiment vous n'aurez point peur..... Regardez les chevaux du roi. Ils portent la tête haute. Pourquoi cela? Précisément parce qu'ils sont les chevaux du roi. Marchez donc, vous aussi, la tête haute, puisque vous êtes les filles de Dieu.

N'est-ce point de la même alerte façon que Vincent de Paul lançait jadis ses milices du dévouement?

— Or sus, Mesdames, la compassion et la charité vous firent adopter ces petites créatures.....; cessez d'être leurs mères pour être à présent leurs juges; leur vie et leur mort sont entre vos mains.

Et vers ce même temps où Cottolengo disciplinait les nouvelles *Dames de la Charité*, à Paris encore, Ozanam et ses amis, animés de la même flamme, organisaient des corps francs, les fameuses *Conférences* qui devaient encore étendre si loin les conquêtes de saint Vincent de Paul.

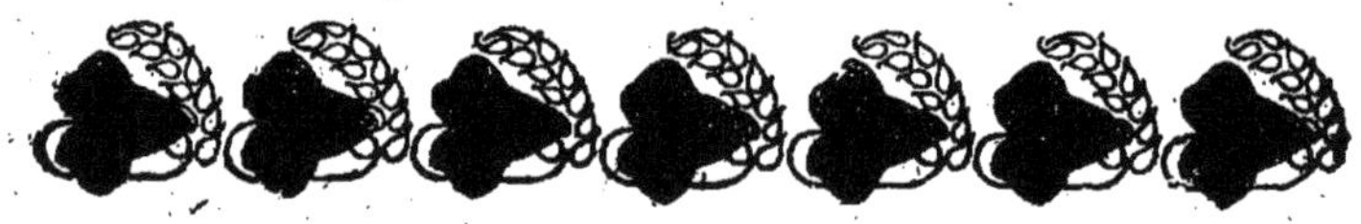

VI – « Laus perennis »

Une question hante l'esprit à qui parcourt la cité de Cottolengo : Sur quelles ressources est donc basée cette œuvre gigantesque ? D'un mot la réponse : c'est l'assistance charitable à *base prière*.

Qui n'a point compris ce fait de l'Évangile, et ici, de chaque jour, se trouve devant un problème insoluble.

Essayons d'apercevoir le mystérieux et réel trésor, monnayé à tout instant en espèces sonnantes et pain quotidien, le trésor de la prière ininterrompue, *laus perennis*. Suivons un prêtre qui, de la ville, vient aider de son ministère la *Piccola Casa*.

Il est 4 heures du matin. Turin sommeille. Pas de voitures encore ; les derniers ivrognes sont rentrés avec une dernière clameur, dans la sonorité des rues désertes. Les fenêtres restent sombres.

Celles de Cottolengo sont pourtant déjà éclairées, même celles que, pendant le jour, on pourrait croire oubliées et sans vie, tant elles restent closes pour l'extérieur. Plusieurs centaines de personnes ont veillé ; les couloirs doivent rester clairs, la charité y passe si souvent, et aussi la visiteuse voilée qui va, une faux dans la main, silencieuse, inlassable, et, brusquement, se penche sur un lit, tranchant le dernier râle, le dernier sourire.....

Au petit matin, un drap noir s'étendra sur la porte extérieure, avec un nom épinglé, pour demander une prière au passant.

A l'intérieur, la prière n'a point cessé de toute la nuit. Hier au soir, quand les *fratelli* ont quitté leur poste d'oraison, des *suore* sont venues prendre la garde, et d'autres encore jusqu'à minuit. Alors solennelles, prolongées, les adorations ont commencé et continué durant deux longues heures, des *Adoratrices du Précieux Sang*. Puis, ce rude travail achevé, d'autres ouvrières de l'oraison sont entrées à l'église. Mais, pour ne point troubler, semblerait-il, le repos de toute la maison, celles-ci ont fait leur prière, comme les cierges et les encensoirs, comme les fleurs ouvrant leurs pétales et les laissant tomber, les silencieuses adoratrices, dans le frémissement de leurs mains intelligentes et de leurs cœurs, le monastère des sourdes-muettes tout entier.

Cependant, au loin, et tout près aussi — car elle est grande la *Piccola Casa*, — sur les collines de Cavoretto, au bord de la Doire, au monastère du *Suffrage*, à celui des *Thaïdines*, la nuit d'adoration s'est aussi prolongée sans faiblir ; les lampes sont restées allumées.

A 4 heures, une cloche tinte. L'étrange et frémissante oraison des religieuses sourdes-muettes a pris fin. De toutes parts des frôlements, des pas légers, dans les tribunes ; dans la nef, des pas plus lourds commencent à entrer, des ombres se pressent vers la table de communion. Tous ces travailleurs de la nuit ont besoin de repos. Ils vont d'abord prendre leur nourriture.

La grande communion quotidienne a commencé.

Quatre à cinq mille personnes communient chaque jour ici ; les familles religieuses au complet, à peu près tout le monde dans les autres familles, et, dans les hôpitaux, parmi les malades ordinaires, un très grand nombre de femmes. Aux jours de fête et dimanches, la plupart des hommes communieront, mais chaque matin, en leurs dortoirs, il y a de nombreuses communions.

La *Piccola Casa* consomme, pour les hosties, cent kilos de fleur de farine en quarante-six jours. Certains chiffres ont leur éloquence!

L'église ne peut contenir en même temps toute cette *Piccola Casa*. Les veilleurs de nuit, gardes-malades, Sœurs de Sainte-Marthe, Sœurs de Saint-Vincent, Sœurs du Cœur de Marie se sont retirés, tandis que de jeunes adorateurs viennent, dès le grand matin, prendre leur tour de garde.

ENTRÉE DE L'ÉGLISE A LA « PICCOLA CASA »

Parmi eux, les *Fratini*, dont les petites voix, encore un peu enrhumées de sommeil, percent l'ombre. Quelque mortification se mêle à leur vie de famille, et puis ils se souviennent qu'au village il fallait aussi dès l'aube sauter à bas du sac de maïs et soigner les bêtes.

Ici, que leur soin est différent!

Jam sol recedit igneus.

Eh! oui, le soleil se retire de quelque horizon, mais il vient vers le nôtre; avec lui se rallume la prière qui n'a point langui, *perennis*.

Tu lux perennis, Unitas,
Nostris, beata Trinitas,
Infunde lumen cordibus.

Toutes les heures d'adoration commenceront par cette hymne; le bréviaire la met aux Vêpres du samedi, mais qu'elle va bien à toutes les heures :

Te, mane, laudum carmine
Te deprecamur vespere.....

Cependant, l'église s'emplit de plus en plus; les messes se célèbrent à tous les autels de la *Piccola Casa;* l'immense ruche est bourdonnante où, mystérieusement, se crée, en chaque alvéole, la céleste substance.

La messe de communauté, c'est-à-dire de l'église pleine. Messe où l'on ne languit pas; il faut quatre prêtres, pendant une heure et plus, circulant sans discontinuer d'un bout à l'autre des tables de communion, pour nourrir ce peuple d'affamés. Et c'est un spectacle dont on ne s'arrache point. Là-bas, des files interminables de voiles noirs ou blancs; ici des jeunes gens, des garçonnets, des *Fratelli*. Plus loin, une grille s'est entr'ouverte, de solennelles figures défilent, s'agenouillent et communient, masquées en des armures du temps des Croisades, dirait-on, et ce sont bien les *Crocine*, dont la coiffure rappelle le heaume de saint Louis, la visière gardant les yeux de tout le reste du monde, même à la communion.

Voici les tout petits, ceux que Pie X invita, petits garçons, toutes petites filles. La balustrade est trop élevée, elles sont debout et tendent la tête sous le voile blanc; une maternelle main les soutient et les soulève quand Jésus passe, et les petites, leur menotte posée sur le marbre, semblent des oisillons à la becquée, gentils oiseaux de paradis!

L'envers du ciel maintenant. Des souliers lourds, des formes traînantes; le long de la rampe on décharge des paquets, ce sont des communiants aussi, mais qui n'ont plus de jambes ou ne peuvent venir d'eux-mêmes : paralytiques, aveugles, perclus, tous ceux de la piscine probatique et de l'Évangile, l'un soutenant l'autre. On les apporte, ensemble on communie ; on les recharge sous le bras ou sur les épaules, communiants porteurs de Christ.

Laissons l'action de grâces s'achever dans les longues prières d'ensemble. Le Bienheureux Cottolengo conduit ses enfants à l'oraison, à la plus élevée ; il veut même que les petits fassent un quart d'heure d'oraison mentale, mais il ne veut point qu'elle s'égare, qu'elle s'abandonne, que ce soit temps perdu. Aussi la soutient-il de nombreuses prières vocales, variées ou répétées. « Le *Pater* et l'*Ave*, dit-il, sont les prières que le ciel aime le mieux. »

Les litanies de Lorette, si chères à la piété italienne. Litanies à deux voix claires, timbrées et qui sonnent, en quintes et sixtes, comme des clairons éveillant à l'aube toute l'église, depuis les recoins obscurs jusqu'aux vitraux endormis : *Stella matutina, ora pro nobis.*

Dans leur coin, voyez, à ce moment, les idiots faire leur lourde prière ; quelque chose de plus lumineux ne passe-t-il point en leurs yeux perdus ?

L'intention de toutes ces prières doit être haute et large, peu de demandes particulières ; même à l'oraison, la *Piccola Casa* s'oublie elle-même, elle songe davantage à louer Dieu et à le prier, en général, pour son Église. Le Père tout-puissant sait bien que sa *Petite Maison* a besoin de pain quotidien et de plusieurs autres choses encore.

Les trente-quatre familles sont en prière ; montons au dortoir, auprès des simples malades.

Au milieu des salles en croix, l'autel. De tous les lits on l'aperçoit. Le réveil a sonné avec un *Deo gratias*. Les dortoirs sont aérés déjà, le vent souffle plus frais des Alpes prochaines. Aussitôt la messe commence. Les malades n'ayant point à se lever, la prière commence aussi, la simple prière répétée, comme celle du ro-

saire et des litanies, comme celle de Notre-Seigneur sous les oliviers.

« Vierge Marie, Mère de Jésus, faites-nous saints ! *Fateci santi ! Fateci santi !* »

Cinquante fois cette invocation se répète. Le premier jour, certains malades en sont tout suffoqués, mais vite ils se laissent gagner à la contagion de l'exemple. Personne, du reste, n'est obligé aux prières, ici ; ces infirmes arrivent de tout pays et de toute religion ou irréligion. Mais notons bien que l'immense majorité est catholique et qu'elle reprend volontiers les habitudes pieuses du village natal. La charge n'a, du reste, rien d'exagéré : prière du matin pendant la messe, et prière du soir ; l'Angélus de midi, accompagné du *De profundis*, suivant l'usage piémontais, qui n'oublie point les morts. Et les prières, sous forme de rosaire ou de litanies, s'accommodent bien de la foi à gros grains de ces pauvres gens : *Fateci santi, Fateci santi !*

Mais, au matin, pour permettre aux infirmes de prendre leurs potions, le premier repas, tout d'abord, la communion des dortoirs. Chaque lit, chaque malade désirant communier a été arrangé avec soin. Une procession s'organise ; toutes les personnes libres à ce moment, cierge en main, accompagnent le prêtre. Celui-ci passe d'un lit à l'autre, tout le long des dortoirs en croix, puis, des quatre salles rectangulaires, il va aux infirmeries spéciales, monte aux chambres, où se trouve parfois quelque malade payant ; traverse encore, s'ils n'ont point eu de messe particulière, les dortoirs des tuberculeux, et, après cent cinquante ou deux cents communions, revient, le lourd ciboire aux doigts, achever le Saint Sacrifice, avec la lassitude heureuse du semeur, semeur de vie éternelle.

Turin est bien la ville du Très Saint Sacrement. Il n'est plus besoin de se rappeler les miracles du *Corpus Domini* ou du *Mont des Capucins.*

Aux autres quartiers de l'hôpital, la matinée commence de la sorte.

La prière a mis sur toutes ces douleurs son calmant, que les chirurgiens d'ici connaissent bien. Quand on leur parle des perfectionnements proposés aux hôpitaux de Paris pour récréer et soulager les malades : peintures aux plafonds, paysages ensoleillés sur les murs, et, de temps à autre, concerts classiques, je vois leurs yeux, leurs yeux clairs et pratiques, regarder les pauvres images de piété, *Madonna addolorata*, *Madonna consolata*, et le grand crucifix dressé au milieu de ces douleurs, terrestrement inconsolables.

Si quelqu'un, du reste, n'est pas en goût de prier, si le cœur est las, la bouche sèche, oh ! l'on sait bien ici, pour l'avoir appris du bienheureux Cottolengo, combien la souffrance acceptée, subie en présence de

MIRACLE DU SAINT-SACREMENT DANS L'ÉGLISE DU MONT DE TURIN, LE 12 MAI 1640

Dieu, est une belle oraison, et qu'alors la moindre élévation de l'âme monte et perce la nue. Et si même quelqu'un refusait de prier, catholique oublieux de son devoir, hérétique ou infidèle, aucun règlement ne l'y forcerait. Que les plus farouches défenseurs de la liberté de conscience et que M. Homais se rassurent. L'hôpital accueille tous les malades, et ne leur demande rien, pas même une prière, pas même un remerciement. D'ordinaire, pourtant, on sait le remercier, mais parmi le concert de bénédictions qui l'entoure, on n'entendit jamais la réclamation d'une conscience froissée.

Plus encadré, plus soutenu de prières est le règlement des *familles*, car ce ne sont point les simples chrétiens, les simples malades de l'hôpital. Ce règlement, du reste, accepté en pleine liberté, laisse, à qui en serait las, toutes portes ouvertes. Mais ces recueillis, dont les vieux jours sont assurés, comprennent aisément que, pour un tel bienfait, ils doivent quelque chose.

On leur demande donc un certain ren-

dement : la petite occupation journalière,
penserait le visiteur superficiel ; mais cela
fait sourire, le bienfait ne serait pas payé.

Ils doivent plus : le grand travail de la
prière.

Pareil travail n'a-t-il point, ici comme
ailleurs, ses heures de lassitude, de disper-
sion d'esprit, de monotone temps couvert
et de sécheresse ? Toute vie est traversée
de la sorte, et aussi la vie spirituelle. Parfois les petites têtes blondes se retournent
à l'église, et les front chenus s'inclinent.
Parfois encore, quand le sermon s'allonge,
chavirent les petits yeux brillants, et, dans
le fond d'une chapelle, un léger ronflement
accompagne le prédicateur..... Saint Pierre
va-t-il s'en étonner ? et saint Paul n'a-t-il
point ressuscité le dormeur qui, au milieu
du sermon, tombait par la fenêtre ?

Aussi bien, la prière vocale vient-elle
bientôt, éveilleuse d'attention, et, quand
bien même l'esprit s'échappe un instant,
n'est-elle point louange de Dieu et oraison
vraiment lancée vers le ciel, jaculatoire ou
alternée ?

Mais, à côté de l'humaine faiblesse, la
Toute-Puissance et la Toute-Bonté penchée
vers les humbles, vers les persévérants de
la prière, les conduisent souvent à une
oraison très élevée.

A qui les a vus de près, à qui put con-
verser intimement avec ces pauvres, il
devient évident que leur demande si répétée
fut entendue : *Faites-nous saints ! Fateci
santi !*

Leur sanctification, tel est le but final
de la *Piccola Casa*. C'était l'intense désir
du vénérable fondateur, comment l'attentive Providence ne l'aurait-elle point exaucé ?

Et la chose est frappante en ses résultats. Aux yeux même les moins exercés,
l'habitude, la vie d'oraison, agit visiblement sur ces natures simples, mais souvent
revêches tout d'abord.

Le sens du surnaturel y est extraordinai-
rement développé, non seulement chez les

religieuses contemplatives, chez les prêtres
et les *Fratelli*, mais chez les estropiés des
membres ou de l'intelligence.

Leur vue des réalités surnaturelles est
intense, et la paix qui règne parmi eux,
cette extraordinaire paix de tout un peuple

ÉGLISE DU MONT DES CAPUCINS, A TURIN

qui souffre, est une preuve et récompense
visible de leur intime union au très paisible Amour.

Ailleurs encore transparaît cette vie spirituelle, et de remarquable façon, c'est
parmi les jeunes gens. Ils sont nombreux
à la *Piccola Casa*, et chez eux se manifestent
la tranquillité spéciale, la maturité, la
vertu, en un mot, que savent bien reconnaître, depuis l'usage plus répandu de la
communion quotidienne, tous ceux qui
s'occupent aujourd'hui d'éducation chrétienne.

Telle était la spiritualité de Cottolengo,
tel est le fond de sa pensée encore vivante
et féconde. « La *Piccola Casa* ne gardera

point, disait-il, des êtres inutiles ou dangereux, c'est-à-dire qui ne font point effort
pour être saints. »

Fateci santi! demandent de loin les
infirmes de l'hôpital, et les *recueillis* des
familles font effort pour le devenir, mais
les étrangers eux-mêmes, qui fréquentent
la *Piccola Casa*, sentent grandir en leur
âme le désir de se sanctifier.

La matinée s'est avancée. A toutes les
heures, de nouvelles voix sont venues saluer
le soleil qui s'avance, le grand soleil de
l'éternité :

Jam sol recedit igneus.....

Ce sont maintenant de lointaines voix
perdues au fond de je ne sais quelle tribune,
un roucoulement, *gemitus columbæ*. La
nef est déserte, les Sœurs sacristines en
profitent pour faire la toilette de l'église.
Après la marée humaine qui la traverse
deux fois par jour, l'église a besoin d'être
mise au net.

Par toutes les fenêtres ouvertes l'air et le
soleil entrent à flots. Le beau monument!

A l'extérieur, ce n'est qu'une haute bâtisse,
avec un robuste clocher d'où les heures
descendent et les appels, mais aucun attrait
architectural au dehors. Au dedans, une
beauté. L'élégance romano-byzantine, avec
sa disposition très pratique, en larges nefs
et tribunes superposées. Une haute cloison
sépare la nef des hommes, qui n'occupent
ainsi que le quart du large vaisseau.

A l'entrée, une rotonde plus modeste,
mais bien fréquentée. Là repose le corps du
bienheureux Cottolengo, à la place même
où il prêcha si souvent sa *Piccola Casa*,
dans la seconde église qu'il lui construisait.
Elle sert aujourd'hui de portique à la troisième, et pourtant insuffisante église, où
nous sommes.

Tout y fut médité et disposé avec soin.
Les vitraux parlent et prêchent : saint
Augustin, saint Bernard, saint Benoît y
contemplent leurs descendants en familles
de religieux.

L'autel surtout est soigné par de pieuses
et intelligentes mains. Bien que nous soyons
en Italie, pas de surcharge; des lignes, des

LE MONT DES CAPUCINS A TURIN

lignes montantes, colonnettes ou chande-
liers. Beaucoup d'anges peints ou sculptés :
anges chanteurs, sur des soies transpa-
rentes, anges adorateurs en groupes de
bronze au coin des entablements de marbre.
Des anges encore aux fresques des murs
et dans une remarquable peinture de la
Cène, où chaque apôtre a son ange gardien,
chacun, même le traître ; mais l'ange de
Judas s'est caché le visage.

Autour du Roi des rois, richesse. Et
pour les moindres fêtes se déploient les
incomparables broderies tissées au virginal
ouvroir des Sœurs sourdes-muettes. Auprès
des pauvres, il faut de l'abondance ; auprès
du chef, le luxe ; et
pareille prodigalité,
en ce pays vivant
d'aumônes, n'a-t-elle
point quelque par-
fum de sacrifice ?

Midi tinte. L'An-
gélus a vibré partout,
et puis, là-haut, dans
les dortoirs, devenus
salles à manger, tin-
tent et brillent aussi
les petits plats d'alu-
minium ; les yeux se
raniment, les langues
se dénouent. Mais les heures de repas ne
sont point les mêmes par toute la maison.
La cuisine n'y suffirait pas, et la louange
ininterrompue aurait à en souffrir.

Des orantes sont prêtes :

Jam sol recedit.....

Midi réveille encore un des grands souvenirs de la *Piccola Casa.* Souvenir d'une
heure tragique et d'une spéciale Providence
pour la maison. Le 26 avril 1852, la pou-
drière du Valdocco avait sauté, couvrant
le quartier de ruines. Seule, à peu de distance, était épargnée la *Casa della divina
Provvidenza.* Une plaque de marbre té-
moigne du fait et de la reconnaissance,
perennis, elle encore.

Les lourdes heures de l'après-midi. Turin
chauffe au soleil. Qui peut s'empêcher de
faire la sieste ? De nombreuses voix pourtant reprennent :

*Te, mane, laudum carmine
Te deprecamur vespere.....*

Ceci n'est qu'un jour ordinaire, où la
vesprée n'a rien de solennel. Mais que l'on
suive ici la foule, une après-midi de Jeudi-
Saint, quand toute la ville de Turin, sil-
lonnée de larges remous, se porte vers ses
soixante-dix églises et plus.

Dans la rue Cottolengo, foule énorme.
Deux courants se croisent : visiteurs des

INTÉRIEUR DE L'ÉGLISE DE LA « PICCOLA CASA »

malades et visiteurs de Jésus-Hostie. Dans
un coin de l'église, le reposoir s'élève entre
un tapis de mousse tout fleuri de lumières,
et des nuages d'azalées ; mais, auprès, au
loin, du fond de la nef, du fond des tribunes et des grilles closes, incessamment
le murmure des prières rythmées, et ce
rythme entraîne la foule qui passe.

Ainsi en sera-t-il, et plus ardent encore
à certains jours, où l'Église a davantage
besoin de prières : périls publics, actions
de grâces, pressantes supplications pour le
Saint-Père..... Toute *occupation* cesse alors
dans la *Piccola Casa,* et les trente-quatre
familles sont au *travail*, à l'important travail de la prière.

ÉGLISE DE LA MÈRE DE DIEU, A TURIN

Et puis, il y a les jours de pèlerinages, mais pèlerinages pour infirmes et gens occupés; ils ne sortent point de la *Piccola Casa*. Dans un oratoire sont réunies toutes les images de la Madone et de ses sanctuaires les plus vénérés. A la fête de l'Annonciation, par exemple, le pèlerinage s'organise pour *Notre Dame d'Oropa*, la grande protectrice du Piémont, la Madone chère à saint Eusèbe de Verceil.

Là-bas, au-dessus de Biella, vers un sommet des Alpes, *Nostra Signora* a son immense palais, où elle peut recevoir et loger gratuitement quatre et cinq mille pèlerins à la fois. Tous les sentiers de la montagne et le nouveau funiculaire amènent ces foules là-haut. Ici, nous n'avons que son image, la Vierge noire à la triple couronne d'or, mais la procession n'en est peut-être pas moins méritoire que sur la sainte montagne; elle monte titubante, essoufflée, et vient répéter encore le vieux refrain inoublié :

Nostra Signora, Regina d'Oropa
Pregate per noi.

Les familles cloîtrées de la *Piccola Casa* n'ont pu suivre, mais elles ont envoyé des fleurs et des cierges porteurs de prières : *Pregate per noi !*

Enfin, à la chute du jour, la grande flambée : bénédiction du Très Saint Sacrement, souvent très solennelle. Cent cierges sur l'autel, douze lustres de cristal à travers la nef; devant les longues files des encensoirs, la garde d'honneur des *Fratelli*, à genoux, immobiles sur leurs cierges lourds, et, dans la montée des flammes et des encens, la tempête des voix. Le *Pange lingua* chanté par cette église comble. Puis les voix alternent; des chœurs lointains de voix féminines, les *Fratini*, garçonnets et jeunes gens, qui nous font la surprise de chanter, en maîtrise bien exercée, la difficile et prenante musique de Vittoria et de Palestrina. Au *Tantum ergo*, la colère de l'orgue et le grand souffle des voix, où se perdent les accents trop aigres des vieilles Piémontaises, avec leur chevrotement au vinaigre ou à la *cipolata*.

Mais le chœur le plus intéressant, alors, est celui des muettes et des muets.

Chœur et musique sans doute, car nous

ÉGLISE DE LA MÈRE DE DIEU

apercevons sur un agenouilloir, plus élevé que les autres, un jeune coryphée, et tous les yeux de ses choristes se tendent vers lui.

Dans la nef monte le *Tantum ergo*. Le coryphée esquisse un geste. Cinquante mains lui répondent : bénédictions, indications, vibrations, battement d'ailes ou battements de flammes, semblerait-il ; mais, pour les regards un peu initiés, phrases rapides, condensées en un signe idéographique, souvent d'une ingénieuse naïveté.

Et de même que le geste des neumes l'a traduite en mélodie, ainsi le mouvement des mains rend-il en vibrations expressives cette robuste strophe du *Tantum ergo*, toute chargée de conclusions théologiques, d'abstraites idées. Mais de quel regard le Verbe de Dieu doit-il suivre des deux côtés du chœur les cent cinquante ou deux cents mains jetant vers lui leur muette prière, prière vraiment publique, unie à celle qui chante, et complétant, pour ainsi dire, celle des yeux, des lèvres et des cœurs.

Jésus bénit ses pauvres, puis chacun se retire, mais la louange nocturne va recommencer, *perennis*.

VII – La « Divina Provvidenza »

Cottolengo ne cherche donc que le royaume de Dieu, aussi tout le reste lui vient par surcroît.

Tout le reste! Ici, c'est beaucoup dire. Malgré l'absence de comptes rendus et de statistiques, on peut, directement et par comparaison, établir un calcul.

Voici un établissement d'environ sept mille personnes groupées sur un même budget, et si l'on considère, en dehors de la *Piccola Casa*, les autres maisons qu'elle soutient, ce nombre de sept mille est largement dépassé.

Tout est fourni aux hospitalisés, et aussi les remèdes; la seule pharmacie dépense 500 francs par jour.

Inutile de noter le service médical, il est gratuit, tant celui des docteurs, les premiers de Turin, que celui des infirmières et des infirmiers. Mais il faut remarquer l'abondance du régime et le luxe des soins.

Ce n'est pas seulement l'hygiène qui fait loi, c'est l'amour.

Nous pourrions ainsi comparer le traitement de Cottolengo à celui des catégories supérieures du grand hôpital de Turin.

Contentons-nous d'assimiler nos malades à ceux de la dernière catégorie de l'*Ospedale Maggiore*.

Au *Grand Hôpital* de Turin, *Ospedale Maggiore di san Giovanni Battista e della città di Torino*, monumental témoignage de la charité séculaire en cette capitale, la dépense journalière d'un malade en première catégorie est de 12 francs; 6 fr. 25 en seconde classe, et de 2 à 3 francs pour les incurables.

Déduisant les frais d'administration (20 000 francs par an) et du personnel sanitaire (192 000 francs), nous trouvons encore pour l'entretien journalier d'un malade de la dernière catégorie (1) :

Alimentation..............	0 fr. 70
Chauffage et éclairage.......	0 fr. 20
Médecine et chirurgie.........	0 fr. 60
Meubles et lingerie...........	0 fr. 20
Entretien des bâtiments......	0 fr. 15
Dépenses extraordinaires......	0 fr. 07
Impôts....................	0 fr. 03
Frais du culte..............	0 fr. 05
Total :	2 francs

De ces dépenses essentielles, aucune ne peut être évitée, et chacune augmente aujourd'hui, par le fait de la cherté croissante de la vie, augmentation notable depuis 1910.

Certaines sont évidemment plus fortes à Cottolengo, celles par exemple de la lingerie; tous les hospitalisés sont ici habillés et chaussés de pied en cap. Celles encore de l'entretien de bâtiments, très étendus et assez anciens. La *Piccola Casa* occupe constamment quelques maçons venus du dehors et payés, bien entendu. Elle occupe de même quelques ouvriers spéciaux : forgerons, menuisiers, électriciens, et chaque année comporte un fort chapitre de dépenses extraordinaires pour l'acquisition et le montage de machines plus modernes, ou la construction d'établissements nouveaux. On devine que le chapitre des frais du culte est chargé lui aussi; les hospitalisés de Cottolengo ne sont pas réduits à *cinq centimes* de secours religieux, comme dans le budget de tout à l'heure.

Mais le chapitre des impôts?

Ici, une pénible, une honteuse constatation : cette *Piccola Casa*, refuge de tous

---

(1) *Resoconto economico morale dell' amministrazione dell' Ospedale Maggiore di S. Giovanni Battista e della città di Torino*, 1910.

les débris de la société, cette œuvre qui décharge l'État, plus qu'il ne le peut supposer, d'un énorme embarras de misères et probablement de désordre, ce peuple de pauvres, d'estropiés, d'idiots et d'abandonnés n'est point cependant abandonné du fisc. En 1912, on réclamait à la *Piccola Casa* 75 389 fr. 25. Mais, comme le fisc a du cœur, il n'a tiré que 21 272 fr. 41 de ce ramassis de mendiants.

Que voulez-vous? c'est l'égalité devant la loi. Il est fâcheux que les lois physiques et naturelles ne soient point encore égales pour tous. Pour la nourriture d'un pauvre incurable, à l'*Ospedale Maggiore*, il suffit de 70 centimes. A *Cottolengo*, ce même pauvre a trois repas par jour, de la viande, des fruits, du pain blanc, du vin; chaque matin, le café au lait....., mais le café est ici hors prix, et le sucre à 1 fr. 50 le kilo, la consommation quotidienne du pain est d'environ 25 centimes, d'au moins 5 centimes celle du lait; si l'on donne deux fois par jour de la viande et des légumes, achetés au marché, il semble bien difficile de joindre, avec quatorze sous, les deux bouts de la journée.

Eh bien! ce minimum de 2 francs par jour et par tête, si nous l'abaissons encore jusqu'à 1 fr. 20, cela nous représente pour Cottolengo une dépense quotidienne de 8 400 francs, soit 3 066 000 francs par an.

Au taux de la rente française, il faudrait donc pour ce revenu considérable un capital d'une centaine de millions. Quel est le capitaliste? Cottolengo répondra que son banquier est riche et n'a jamais failli : le Créateur de toutes choses, dont le regard attentif, le cœur généreux, la main toujours ouverte, se nomme *Divina Provvidenza*.

Au point de vue financier, la *Piccola Casa* est donc ce que l'on peut appeler une *très grosse affaire*, et ce sont précisément les hommes de finance qui restent ici dans la stupeur, ce sont les gens d'administration, les industriels et les commerçants

qui, pour avoir examiné de tous côtés l'étonnant problème et son inexplicable solution, murmurent entre eux le mot de miracle. Plus que d'autres, les spécialistes d'argent sont frappés de cette dérogation manifeste aux lois de la finance.

Toutes les industries, toutes les œuvres, tous les porte-monnaie savent combien il est difficile de canaliser l'argent dans une direction déterminée. Il y faut du travail, de la persévérance, de la chance encore, de l'adresse surtout, et beaucoup de soucis.

J'allais ajouter qu'il y faut de la prière, car tout financier est un solliciteur, et c'est bien la prière, la seule prière, adressée presque uniquement au ciel par la *Piccola Casa*, qui lui forma son capital aux cent millions de francs.

Parlera-t-on de quêtes? On sourit quand on voit de quels quêteurs Cottolengo s'entoure aujourd'hui. Lui-même, jadis, allait mendier; il traversait la place aux Herbes et revenait avec un chou sous le bras, ou les poches bourrées de légumes. Quelquefois, le cas étant plus urgent, il arrêtait un ami dans la rue, et demandait l'heure ou une prise de tabac. La montre était brillante, et c'était le beau temps des tabatières : « Que penseriez-vous de transformer cette montre en bouillon pour mes pauvres? Ils ont les dents longues depuis ce matin. » Et l'histoire dit que l'on ne se fâchait point, tandis que la tabatière se transformait en substantielles pommes de terre, ou la montre en *polenta*.

On cite même un cas frisant le cambriolage, mais dont la réussite a bien quelque chose de surnaturel. La détresse est grande, les créanciers crient dans la cour, et Cottolengo sort pour leur chercher de l'argent, a-t-il dit. Où aller? Il va, il va devant lui, en priant. Le voici devant une belle maison où il n'est jamais entré, et il entre. C'est chez M. Luigi Stura, riche négociant cloué par la goutte à son fauteuil. On ne s'était jamais parlé, mais avec Cottolengo les présentations se font vite, et voilà deux amis. Amitié que le « bon chanoine » déclare tout de suite fort intéressée. Comment se fait-il que l'autre livra bientôt la clé du coffre-fort ? Le singulier quémandeur y va avec son chapeau, et, tout en le remplissant d'argent : « Quand vous trouverez que j'en ai assez pris, dites-le-moi simplement », fait-il à sa victime. Mais Stura riait de tout son cœur, ne trouvant plus mot à dire, heureux et dévalisé.

Il aimait par la suite à raconter le fait, et ajoutait en riant : « J'étais si content, que, volontiers, je lui donnerais encore le double, si je le pouvais. »

Mais ce sont là inspirations bien spéciales et peu communes dans la vie du Bienheureux. Sa prière habituelle montait plus haut, car pareils procédés n'eussent point suffi d'ordinaire. Protections, recommandations, patronage des puissants lui déplaisaient fort. Il le déclarait assez rudement à son frère, le P. Albert, qui lui proposait de parler en sa faveur à quelques personnes généreuses. Plus discrètement, il le faisait entendre au roi, craignant pour la Providence divine la concurrence d'une providence humaine. Et il attendait.....

Ainsi, aujourd'hui encore, on attend, et les trois millions annuels viennent à l'échéance. Des quêteurs ont été conservés en souvenir, organe témoin des jours passés, des premiers temps du Valdocco ; mais quels pauvres racoleurs d'écus ! A la porte de quelques églises, on voit un petit homme, d'ordinaire un des idiots, quelquefois un enfant ou un Frère aux yeux baissés, le cœur de drap rouge étoilant la poitrine. Il tient devant lui une boîte bleue, un petit tronc avec l'adresse : *Ospedale Cottolengo*, et c'est le plus silencieux, le moins entreprenant des nombreux quémandeurs postés en cariatides, aux porches de nos temples.

Entrons dans une église ; par-dessus les têtes, à travers les rangs, une bourse passe au bout d'un long bâton ; elle s'attarde devant vous, puis elle se retire à la sacristie. Un sermon commence, on y prêche la charité ; il se termine, quelquefois encore, par une bourse de velours ou un plateau d'argent. Mais ce n'est point pour Cottolengo. La quête officielle lui semblerait moyen trop humain encore. Il attend.....

Attendrait-il un bienfaiteur milliardaire et soigneusement caché, père temporel qui fournirait, depuis près d'un siècle, les millions engouffrés en cette entreprise manifestement imprévoyante ? L'hypothèse est au moins invraisemblable..... ici-bas. Cacherait-on quelque part un groupe organisé de riches donateurs, une association financière et charitable, comme il y en a tant, grâce à Dieu, ici et ailleurs ! On nomme cela *œuvre pie*, mais, serait-elle anonyme, une telle Société doit rendre à l'État ses comptes ; elle est même obligée, de par la loi, à capitaliser. Cottolengo ignore ce mot.

La prudence de l'État survient au travers de l'œuvre, mais, à son défaut, le simple bon sens de ses actionnaires demanderait à vérifier le budget, à regarder où va l'argent, et, depuis si longues années, pareille œuvre pie serait au moins connue. Qui ne connaît les *Conférences de Saint-Vincent de Paul*, fêtées ici, comme par tout le monde, avec une si reconnaissante piété en 1913 ? Et les œuvres *Barolo-Colbert, Bonafous, Boschis, Barbero, Viretti*, etc., et encore *les Congregazione di Carità, degli Artigianelli, le Case della Misericordia, delle Rosine, l'Albergo di Virtù*, et surtout les *Messieurs de la Vénérable Compagnie de Saint-Paul*, le plus ancien joyau de la charité turinoise.

Mais si l'État regarde à l'intérieur des œuvres pies, ce n'est pas uniquement pour y surveiller le bon ordre ; il y prend un plus direct intérêt ? Toute œuvre pie est aujourd'hui taxée ; elles furent *incamérées* autrefois, et les millions de *l'œuvre de Saint-Paul* passèrent au gouvernement. Les legs dirigés vers Cottolengo ne font point exception à la loi, ils sont frappés d'un impôt de 6 %, et, de ce fait, comme des droits d'octroi, la ville de Turin bénéficie une fois de plus de cette *Piccola Casa* qu'elle enclave.

Aussi bien comme tous ceux qu'à des titres divers Cottolengo intéresse, les gouvernements ont-ils fait des recherches pour découvrir la source de ses revenus.

Déjà, au début du Valdocco, le comte Tonduni della Scarena, ministre de l'Intérieur, avait été chargé par le roi Charles-Albert de diriger une enquête. Et c'était prudence. On ne voyait pas sans inquiétude grossir cette foule de malheureux qui, d'un jour à l'autre, pouvait se trouver brusquement dans la rue, à la charge de la municipalité. Le ministre fit appeler au palais le pauvre chanoine.

— Le gouvernement royal a droit de savoir comment vous pouvez maintenir votre maison, malgré ses embarras. Cela nous paraît chose imprudente, dangereuse même.

— Excellence, la *Piccola Casa* vit aux dépens de la Providence divine. Elle seule pourvoit à tout, et porte les personnes généreuses à nous secourir. Mais ni le gouvernement ni personne, Votre Excellence a pu le savoir, n'a jamais été importuné par nos besoins.

— Si cette Providence venait à vous manquer, reprenait le ministre, qu'aurions-nous à faire, nous?

Quand cette objection toute naturelle était faite au vénérable Cottolengo, alors se redressait son héroïque foi :

— Monsieur le ministre, les moyens humains peuvent manquer, mais la main de Dieu n'a jamais manqué et jamais ne manquera à personne.

Cependant, le roi était sollicité de divers côtés pour assurer l'avenir de cette œuvre, au moins par un Conseil d'administration.

CHARLES-ALBERT, ROI DE SARDAIGNE

On parlait alors d'une dette de plus de cent mille francs.

Charles-Albert lui-même montra son inquiétude à Cottolengo, et celui-ci le rassura : « Cent mille lire, qu'y-a-t-il d'extraordinaire à ce chiffre? Ce n'est chez nous que la dépense d'un trimestre, et devoir un trimestre n'est pas, ce me semble, de quoi se tourmenter. Jusqu'à présent, un seul homme a suffi pour diriger la *Piccola Casa*, et la Providence s'est chargée de tout. »

A cette époque, l'œuvre n'avait pas encore donné la preuve publique de sa vitalité, de ses créanciers toujours satisfaits et de son progrès continu. On comprend que le roi ne fût pas encore pleinement rassuré.

Deux officiers vinrent, de sa part, inspecter la grandissante maison. On bâtissait de nouveaux dortoirs. Les inspecteurs déclarèrent alors qu'il serait sage de restreindre les entreprises, afin de les consolider, et qu'il ne fallait pas songer à de nouveaux agrandissements, puisque les res-

sources étaient manifestement insuf-
fisantes pour le lendemain. Mais Cottolengo tint bon dans son héroïque
confiance en Dieu, et l'étonnante lutte
se termina par les lettres patentes du
27 août 1833, où la *Piccola Casa*
reçut son existence légale. « Qu'elle
soit toujours gouvernée, disait le roi,
selon la forme déterminée par le chanoine Cottolengo, ou qu'il pourra lui
donner par la suite. Qu'on lui laisse
la plus grande liberté. »

Une autre lettre royale nommait
chevalier de l'Ordre des Saints-Maurice et Lazare « le chanoine Joseph
Cottolengo qui, *sans autres secours
que ceux venus de la charité des
autres*, pourvoit à la nourriture, au
vêtement, à l'éducation et au secours religieux de plus de trois cents personnes » (1).
La *Piccola Casa* n'avait encore qu'un an
d'existence au *Valdocco*.

D'autres enquêtes furent menées avec
des yeux moins bienveillants encore par

FAÇADE DU PALAIS MADAME, A TURIN

Bibliographie universelle de Genève (1),
et laissèrent une riche aumône au pauvre
Cottolengo. Ils l'avaient trouvé cependant
assis sur un escabeau, au milieu des pauvres,
qu'il amusait de sa gaieté familière.

Il ne semble pas que l'autorité ecclésiastique et le clergé turinois se soient
montrés moins prudents et moins
sévères même, en certains moments
d'inquiétude. Ne s'agissait-il pas du
bon renom pour ce clergé ? Les
grosses dettes sont mal vues à l'offi-
cialité diocésaine.

Entre amis, on ne se gênait point
pour le dire à Cottolengo. Ses deux
frères, Albert et Louis, se faisaient
l'écho du clergé.

— Qui voudra, plus tard, se charger
de pareilles affaires et se jeter en ce
gouffre ?

— Vous êtes trop bons pour moi,
répliquait-il ; vous avez à mon sujet
des inquiétudes que je n'ai jamais
eues moi-même. Eh ! que puis-je
faire de bon dans la *Piccola Casa* ? Je ne
suis pas capable d'y maintenir par moi-

FAÇADE OUEST DU PALAIS MADAME

des protestants genevois, qui publièrent
leur stupeur et leur admiration dans la

------

(1) GASTALDI, *Venerabile Cottolengo*, II, c. XXVII.

(1) Article cité dans *Scienza e Fede*, II, 1841.
Manfredi, Naples.

même un seul pauvre. Dieu fait tout, il maintiendra toute la maison, fût-elle grande comme le monde.

Cependant, le chanoine était cité à la curie archiépiscopale par l'un de ses créanciers.

Sa sécurité pour le lendemain, son étonnement du manque de foi à la Providence, désarmaient alors ses juges.

— Que vous dirai-je? Je suis débiteur, je le sais, et je désire payer. La divine Providence m'enverra *sûrement* ce dont j'ai besoin pour faire honneur à mes affaires;

PONT VICTOR-EMMANUEL, A TURIN

mais, en ce moment, je n'ai rien. Que de messieurs, à Turin, devraient satisfaire leurs créanciers et ne le font pas! Sont-ils regardés pour cela comme mauvais débiteurs? Quel honnête banquier ne se voit quelquefois forcé de suspendre ses payements, et cela sans l'ombre d'une faute? Et parce que, en ce moment, le caissier de la divine Providence fait défaut à la *Piccola Casa*, s'ensuit-il qu'il ne le payera jamais? Les hommes pourront manquer, la Providence ne manquera point. Elle viendra et réparera tout généreusement. »

Et les juges, les supérieurs, tenant l'œil ouvert sur ce singulier coupable, voyaient, en effet, la Providence venir et tout réparer. Toutes les dettes de Cottolengo ont été payées, parfois au moment même où il se rendait en justice; comme certain matin un peu sombre, quand, sur le point de partir, il reçut, coup sur coup, des parents de deux *Vincentines*, la somme nécessaire pour le dispenser du voyage à l'archevêché.

La Société française *Montyon et Franklin* chercha des renseignements à son tour, interrogea le gouvernement sarde, et décerna au *bon chanoine* sa grande médaille d'or. Jour de confusion et de protestations pour celui-ci. Mais il eut beau témoigner son ennui, interrompre le discours du jeune Victor-Emmanuel, et déclarer que son grand-père avait porté la balle, « qu'il était né parmi les choux de Bra, et resté lui-même un grand chou », la noble assemblée ne voulut rien entendre. La décoration fut remise au fondateur, qui en retourna toute la gloire « à cette divine Providence, seule digne d'être ici glorifiée » (1).

Depuis, la médaille d'or se transforma souvent, assure-t-on, en bouillons et remèdes, dans l'arrière-boutique des prêteurs sur gages.

Cottolengo est loué par tous ceux qui l'approchent. Un grave défaut devrait cependant arrêter la louange sur les lèvres humaines: le défaut complet de prévoyance, l'absence de comptabilité, de tenue des livres. Le livre de comptes est réduit à une seule colonne: *Doit*, celle de l'*Avoir* n'existe pas. « Qu'il n'y ait point d'autres livres que celui des créances », disait Cottolengo. Voilà ce qui devrait scandaliser le moindre épicier, qui sait tenir au moins la balance de ses écus. Voilà l'énigme la plus décon-

____

(1) GASTALDI, *op. cit*, l. III, c. xviii.

certante pour les financiers, l'apparence du désordre, du gaspillage, par le manque de comptabilité et de budget. Une banque en pareille condition, se disent-ils, ne vivrait point quatre-vingt-dix ans.

Et c'est un parti pris, c'est la règle. On ne capitalisera point, quand même les capitaux se présentent sous forme d'immeubles, de valeurs ou d'espèces sonnantes. Tous les jours, les dons affluent, grands et petits, quelquefois, souvent même très considérables, puisqu'il faut réaliser à chaque trimestre plus d'un million et demi. Les livres de comptes s'ouvrent uniquement pour retrouver les dettes et les effacer. Cottolengo a fortement inculqué ici la crainte de l'avarice sous sa forme la plus innocente, la plus légitime : compter son bien.

Il a éprouvé pour lui-même, et il a prouvé au public que son total abandon n'est point abandonné de Dieu.

Certains traits semblent à peine croyables. Il ne pouvait se résoudre à savoir exactement le nombre de ses religieuses ou de ses hospitalisés. Ignorant le contenu de la caisse, il y puisait selon les demandes et les besoins. Parfois, le soir, on le vit jeter à la rue le peu d'argent qui restait. « Si la divine Providence sait que nous avons pensé à demain, comment y penserait-elle à son tour ? »

Mais cet invraisemblable, cet héroïque abandon se combine avec tant d'autres faits incontestables, qu'on ne peut les mettre en doute. L'imprévoyance du lendemain est aujourd'hui encore manifeste, et songez que c'est un lendemain chargé de sept mille vies humaines, où la disette tournerait vite à la détresse absolue. Pas d'économies cependant. L'aumône arrive, on la dépense. Le banquier Andreis de Racconigi lègue à sa mort, en 1898, pour Cottolengo, un million net, d'impôts, c'est-à-dire 1 060 000 lire. On en fait l'hôpital de l'*Addolorata*, sept cents lits, avec tous les services complets et six salles d'opérations outillées luxueusement. On n'avait pas, à cette époque, de grosse dette à payer.

Quand les dettes s'accumulent, les achats se font tout de même. Les fournisseurs savent, eux aussi, combien la divine Providence est une réalité. Autrefois ils s'inquiétaient, se fâchaient et menaçaient de la justice.

Au lieu de ces criailleries, habituel martyre de Joseph Cottolengo, ce ne sont aujourd'hui que mercis et empressements.

A la fin de chaque mois, les fournisseurs sont exactement payés, de sorte qu'il y a une certaine concurrence parmi les magasins turinois, à qui servira la *Piccola Casa*.

Pareille confiance, pareille mentalité autour de cette *Petite maison* ne s'est point établie du jour au lendemain.

C'était, pour Cottolengo, le martyre de tous les jours, car il ne faut point s'imaginer cette héroïque foi sans rudes combats intérieurs et extérieurs. Dieu n'illuminait point toujours pour lui nos pauvres horizons humains si limités, si près de terre. Il avait aussi, à ses heures, d'horribles tentations de prudence, mais comme alors il ranimait son espérance, son humilité : « Gare à moi ! gare à moi, si je cesse de faire mon devoir. Je sens, tout à coup, un remords auquel il m'est impossible de résister. Les attaques de mes créanciers et les reproches de mes pauvres se dressent contre moi. Il me semble voir toutes les Sœurs se lever à la fois pour me dire que je les ai trahies. Le Seigneur permet à tous ces tourments de me saisir, et je me figure avoir passé ma vie à me tromper et à tromper les autres. Tout ceci est un martyre, mais je veux le supporter pour l'amour de mon Dieu. »

Martyre qui allait plus avant en cette âme touchée de Dieu : la crainte d'être cause ou occasion de péché de la part de ses créanciers en colère. Ils arrivaient parfois furieux, et pénétraient de force chez l'humble chanoine; d'autres fois, ils se promenaient, dans la cour, devant la fenêtre où celui-ci prenait son maigre souper. « Peu m'importe, murmurait-il, que leur colère tombe sur moi, mais je crains d'être la cause des blasphèmes et des fautes qui peuvent en être la conséquence. Tout le reste n'est rien, mais ceci est le plus affreux des tourments. »

Peu à peu, cependant, la confiance naquit parmi les fournisseurs; leur espérance grandit à mesure que leur foi devint plus voyante, car ils voyaient : le marchand de bois ses 800 lire payées, et ses 1 000 lire, dame Gallina, marchande de sel. Le boulanger Cuvertino avait montré moins d'impatience; on lui devait pourtant, certain jour, jusqu'à 25 000 francs, mais son commerce prospéra bientôt de toute façon. Et ce brave Copasso, le maître maçon qui ne chômait guère, devait, d'ordinaire, travailler à crédit. Au bout d'une quinzaine, il lui faut payer ses ouvriers, 4 000 francs, et le chanoine n'a rien à lui donner, qu'un petit sermon sur la divine Providence :

— Soyez tranquille, elle ne vous laissera pas dans l'embarras; 9 heures sonnent, bonsoir Copasso.

— Mais, demain matin avant 8 heures je dois régler mes comptes, et je n'ai pas un sou.

— Allez en paix, vous dis-je, demain matin, la Providence aura tout arrangé.

Sous une pluie battante, Copasso rentre chez lui et se met à table, de méchante humeur. Le même soir, sous la même averse, on vient encore le déranger, et c'est un débiteur, jusqu'ici fort récalcitrant, qui vient, lui aussi, régler ses comptes et payer Copasso.

Joseph Defilippi, le menuisier, demande quelque avance : « Attendez un moment, répond le bon chanoine, je suis à vous! »

Attendre un moment, *aspettàre momentino*, est chose fréquente à la *Piccola Casa*, et ici le *momentino* s'allonge pendant une heure et plus. On ne s'en fâche point; *Patienza* est un mot piémontais fort usuel ici. Defilippi voit le chanoine aller de-ci de-là, parler à l'un, parler à l'autre, et, décidément, l'oublier. Il fait les cent pas avec un peu d'impatience; enfin, au bout d'une heure, il voit arriver un visiteur auquel Cottolengo fait encore bon accueil, sans se soucier du menuisier qui attend.

Mais quelle n'est point sa surprise, le bon chanoine s'est retourné vers lui : « Tenez, Defilippi, voici un cadeau qui nous arrive. Vous pourrez payer vos ouvriers, et j'aurai encore 30 francs à dépenser aujourd'hui. »

Mais enfin, d'où vient l'argent ?

Parmi les intermédiaires de la Providence, plusieurs sont connus, et la *Piccola Casa* conserve le souvenir de ses bienfaiteurs. Les plus insignes ont, de-ci de-là, un portrait ou un buste : le banquier Andreis Vittorio, le professeur Matirolo, de l'Université royale, qui laissait ici deux millions. De riches legs arrivent assez souvent à Cottolengo. Voici, en 1912, de la part d'un prêtre, 100 000 francs. Un médecin piémontais, Dr Judice, meurt à Livourne, léguant 800 000 lire; une dame, à Turin, 500 000. Les journaux enregistraient ainsi, à la fin de 1912, une somme de près de deux millions.

Des immeubles sont légués à Cottolengo. On en conserve quelques-uns, si on peut les utiliser pour l'usage immédiat; mais, d'ordinaire, on les vend. C'est la règle. Parfois le même palais est offert de nouveau, à la mort d'un second possesseur, et l'histoire est curieuse de ces maisons venant s'offrir à la *Piccola Casa* plusieurs fois de suite, comme pour la tenter, mais vainement.

On connaît tel grand magasin, d'une valeur approchant les 300 000 lire, cédé, avec son outillage et ses marchandises, à Cottolengo. L'hôpital eût pu trouver là un précieux secours; tout fut vendu pour 40 000 lire. Les commis, déjà gratifiés, par le défunt, d'un legs personnel, s'étaient portés acquéreurs. Ils continuent le commerce. Ce fut pour eux une bonne affaire, et les pauvres n'en souffrirent point. Je sais bien qu'il y a là quelque chose de déconcertant, et qui s'en est plaint ? Judas Iscariote, je crois : *Ut quid perditio hæc ?* Mais vraiment le Créateur a peu de respect pour sa créature la monnaie, disons le *Veau d'or*; il la conduit, du reste, à son gré, et n'a pas besoin des millionnaires pour nourrir ses pauvres.

Les millionnaires, en effet, ne meurent point tous les jours, et ils voient accourir alors tant d'amis inconsolables à apaiser ! Puis, tant d'autres œuvres ont droit de les intéresser, et Turin demeure une grande ville d'aumônes et de bienfaisance. La liste de ses établissements de charité ou de philanthropie occupe plus de deux cents colonnes du *Guide commercial et administratif pour 1913*.

Ses douze petits hospices du xive siècle, alors que la capitale ne comptait que 5 000 habitants, sont devenus aujourd'hui, en plus des vingt-deux grands hôpitaux officiels, une cinquantaine d'établissements de bienfaisance dont plusieurs comptent de nombreuses *filiales*. Œuvres fondées parfois sur de riches patrimoines, mais qui toutes, cependant, font un constant appel à la charité publique, car toutes ont d'importants services gratuits à soutenir. Aussi la charité turinoise apparaît magnifique et ingénieuse en sa générosité pour toutes sortes de misères. C'est dire qu'en de nombreux canaux pareille charité se divise, et que Cottolengo n'est point seul à intéresser le public.

Les 500 000 francs de revenus de l'*Hôpital Majeur* ne suffisent point, ni le patrimoine de 1 133 000 francs des *pauvres Aveugles* ni celui de 600 000 francs des *Artigianelli*.

La *Congrégation de charité* a un patrimoine de 1 700 000 francs, l'œuvre des orphe-

lines de 840 000 francs; celle des *Rosine*, pour les jeunes filles en danger, un revenu de 30 000 francs, et une douzaine d'œuvres diverses, refuges, asiles, patronages, pensionnats, orphelinats, vivent sur les donations de la marquise *Barolo Colbert*, comme un grand nombre d'autres sur les aumônes de la *Vénérable Compagnie de Saint-Paul*. Mais depuis les *pauvres Convalescentes* et les *Dames de la Miséricorde* pour les infirmes à domicile, jusqu'aux *Petites-Sœurs des Pauvres*, toute une série d'œuvres fort intéressantes ne vit qu'au jour le jour. Turin est une belle ville d'aumônes; elle en trouve encore pour Cottolengo.

Au dire des gens bien informés, la *Piccola Casa* est moins soutenue de dons grandioses que d'une multitude de petits secours quotidiens. Car c'est chaque jour que les aumônes arrivent, et sous toutes les formes.

Dans un coin du parloir, voici par exemple un crochet où sont enfilés des avis du chemin de fer et de l'octroi. Envois des premières semaines de 1913 : 22 kilos de linge neuf, 26 kilos de mercerie, une caisse de vêtements, un sac de bouchons, vingt bouteilles de vin, et encore des colis de linge neuf ou usagé, une caisse de la liqueur digestive Branca Fernet, etc. La Providence connaît tous les besoins.

Dons en espèces, sous et billets, dons en nature. Parfois ceux-ci, plus considérables, seront conservés pour leur usufruit; ainsi la *Piccola Casa* possède deux ou trois vignes aux environs de Turin. Elle possède encore, non loin de la ville, une succursale importante, à la fois hôpital et magasin de provisions, et qui lui fut donnée par un prêtre de *Vinovo*.

Propriété de quelques hectares dans la plaine du Pô, un pays aussi uni que l'eau dont il sort, et riche de toutes les alluvions du fleuve. *Vinovo* réunit 3 000 litres de lait par jour, expédiés en deux voyages à la *Piccola Casa*, qui doit cependant en acheter encore en ville. A *Vinovo* aussi on fait, et de très moderne façon, les fromages, *Fontine*, *Gruyère*, *Gorgonzola*; on recueille les mille douzaines d'œufs réclamés par chaque semaine. Il y a bien une belle famille de poules et d'intéressantes étables, avec une quarantaine de vaches suissesses, bonnes laitières, mais tout cela ne suffit point aux besoins de l'immense *Piccola Casa*. Et, il y a de plus une écurie de douze chevaux qui, deux fois par jour, font le trajet de Turin.

Les *Vincentines* de Vinovo semblent pourtant avoir encore des loisirs, car elles soignent une cinquantaine de malades et de recueillis. Quand une épidémie se lève, en cette plaine d'alluvions, quand les silencieux ruisseaux courant, gonflés de venin, à travers l'herbe grasse, ont semé la typhoïde, vite on apporte les malades aux Sœurs de Cottolengo, qui les gardent et savent les guérir.

Cependant la divine Providence se plaît souvent à signer ses envois de mystérieuse et incontestable façon. Par exemple, que dire de ces inspirations subites de générosité amenant à l'heure voulue un bienfaiteur, jusqu'ici peu attentif à la *Piccola Casa*?

Un jour, les batteries alpines reviennent du tir; le colonel, particulièrement satisfait, leur donne une paye supplémentaire, tous nos artilleurs courent à l'auberge. Mais on a déjà fait la soupe, à qui la laisser? Si on l'envoyait à Cottolengo? Celui-ci, à cette heure-là même, avec tous ses pauvres, attendait. N'est-ce pas la réédition d'une scène biblique où Habacuc, pétrissant son pain, est soulevé par un ange pour secourir Daniel qui a faim, là-bas, dans la fosse, à Babylone?

Un autre jour, embarras moins grave, mais fort pénible à une communauté pieuse. C'est fête patronale; on veut honorer saint Vincent de Paul, les invités vont venir, et rien ne manque à l'église....., sauf les cierges. Pas une bougie à mettre au chan-

delier : « Nous n'avons que des fusils sans poudre, murmure le sacristain, » déjà tout rouge de honte. Cottolengo le rassure. En effet, Notre-Seigneur a tout vu, ou bien peut-être la Sainte Vierge..... Qui donc remarquait, le premier, la disette de vin aux noces de Cana? La même Providence veut épargner une confusion à ses amis de Turin et envoie une bonne pensée à l'autre bout de la ville, au préfet de police, en ce moment fort embarrassé d'un lot de cierges entré en contrebande et saisi par l'octroi. Les cierges du comte Cavour furent bien placés.

La Providence se sert des grands hommes et des moindres aussi. Voici un portéfaix, avec la hotte piémontaise sur les épaules, celui-ci est trop humble pour s'adresser au chanoine Cottolengo; il accoste un vicaire dans la rue.

— Seriez-vous assez bon pour remettre ce paquet à M. le chanoine. Voici ce que c'est. J'avais un petit champ qui ne me donnait rien. Il m'est venu une idée (ah! ces idées singulières venues on ne sait d'où!), l'idée de vendre à un voisin, et voici l'argent, que j'ai eu bien du mal à garder des voleurs. Faites-moi le plaisir de tout remettre au bon chanoine. Pour le moment, je suis fort et robuste, et je gagne ma vie comme portefaix ou commissionnaire. Quand je ne pourrai plus travailler, je pense qu'on me recevra dans la *Piccola Casa*.

Le vicaire va trouver le bon chanoine, qui lui semble soucieux. C'est que le boulanger vient de lui adresser une note de plus de 2 000 francs, avec menace de la justice s'il n'est enfin payé tout de suite, et la *Piccola Casa* ne possède pas actuellement un centime.

On ouvre donc le paquet du portefaix, et les visages s'éclairent, car aussitôt le remerciement doit jaillir au ciel : « *Deo gratias!* nous avions besoin de 2 040 lire, Dieu nous en donne 260 de plus. *Oh! Provvidenza! Provvidenza!* »

Une idée encore singulièrement inspirée au professeur Laurent Martini, de l'Université royale. Il a fait un riche héritage, et se trouve possesseur de belles armoires pleines d'une lingerie abondante et très belle. A ce moment-là, le pauvre linge de la *Piccola Casa* était à bout, ce qui restait, étant à la lessive, ne voulait pas sécher à cause du mauvais temps. Comment cela se fit-il ? Le professeur ne savait rien de pareille détresse, il ignorait que des malades étaient refusés à la *Piccola Casa* par manque de draps où les coucher, et soudain il eut l'idée d'envoyer tout ce beau linge à Cottolengo.

On prétend que, ce jour-là, le bon chanoine fit deux pirouettes au lieu d'une, en lançant au ciel son *Deo gratias !*

Pareilles *coïncidences* sont fréquentes à travers l'histoire des saints ; dans l'histoire de Cottolengo, elles sont innombrables.

Elles n'ont point cessé aujourd'hui. Un des supérieurs se rend à Pignerol pour régler un compte assez lourd. Au moment de partir, il rencontre un fournisseur de Turin qui vient lui aussi à l'échéance. Celui-ci est donc payé tout de suite, et rien ne reste de la somme préparée. Le Père va cependant à la gare. En route, survient un inconnu qui arrête le Père et lui remet la somme dont il a besoin.

A supposer l'imposture dans les témoins graves qui rapportent le fait et d'autres semblables, je trouve plus de difficultés qu'à reconnaître une attentive Providence réalisant à la lettre les promesses de l'Évangile, puisque aussi bien, ici, l'Évangile est pris au mot.

Et puisque nous sommes en plein Évangile, pourquoi s'effaroucher de ces *faits* encore, et nombreux, où se retrouve la puissance de celui qui multipliait les pains ? Multiplication de pain dans la huche ou de pièces de métal dans les poches vides du Bienheureux, quand les créanciers deviennent colères ou blasphémateurs, est-ce donc vraiment difficulté trop grande pour le Créateur ?

A la fin de chaque semaine se font les grands arrivages de comestibles en gare de Turin. Souvent, pour une raison ou une autre, une quantité considérable de légumes, de fruits reste pour compte. Il n'y a point mévente pourtant ; des wagons entiers sont achetés pour Cottolengo. Par qui ? Les marchands n'ont pu me le dire. Supposons que ce soit la ville de Turin ; elle rendrait ainsi à la *Piccola Casa* ses frais d'octroi et d'impositions, mais sa main gauche semble ignorer ce que fait sa main droite.

« La Providence pense plus à nous que nous n'y pensons nous-mêmes », ne cessait de répéter Cottolengo, et, de lui, on a pris cette habitude héroïque d'attendre Dieu en souriant.

Oh ! que l'on a peur des protections, des recommandations humaines ! A choisir entre plusieurs malades — c'était un jour le choix entre un phtisique et un *avarié*, — on donnera la préférence au plus aban-

MONUMENT DE VICTOR-EMMANUEL, A TURIN

donné; au cas présent, ce fut le second qui obtint une place, le phtisique était accompagné d'une lettre de recommandation et du chambellan de M. le marquis de...

Aujourd'hui, l'hygiène fait renvoyer ces maladies spéciales à l'hôpital spécial de Turin, le *Sifilicomio*. Mais que ce choix est révélateur de l'esprit surnaturel de Cottolengo! Aussi avec quelle sévérité défendait-il toute démarche solliciteuse auprès des riches mourants. Puisque la Providence employait cet intermédiaire, pourquoi lui forcer la main?

Or, le long de la rue qui descend vers Cottolengo, on voit de bruyantes affiches, cinémas ou théâtres. L'une d'elles, l'autre jour, annonçait *Sa Majesté l'Argent*. Un affreux moine tenait un moribond sous sa coupe, et, lui mettant l'enfer sous la gorge, le forçait au testament..... Sur le même trottoir, passait un pauvre gueux revenant de Cottolengo, où il avait trouvé un morceau de pain, mais point de place. Ses yeux se levaient vers la grossière affiche, et j'imagine aisément sa pensée: « Ah! si c'était vrai! si les prêtres de Cottolengo avaient su presser davantage les riches, j'aurais au moins un lit ce soir..... »

Et le mendiant traînait ses chaussures éculées vers le haut de l'avenue, vers l'obélisque témoignant de la chute du pouvoir ecclésiastique, vers les statues des grands hommes, magnifiques et inattendris, il cherchait un banc pour la nuit, tandis qu'au loin la statue colossale de Victor-Emmanuel s'effaçait dans le crépuscule.

EN REVENANT DE « COTTOLENGO »

VIII – « Caritas »

En achevant notre voyage à travers la *Piccola Casa,* n'avons-nous point, mêlée à d'autres sentiments, l'impression que pareille œuvre ne saurait durer ? Aux yeux d'un financier, comme à ceux d'un administrateur, elle ne présente aucune solidité. Un bon chrétien n'aurait-il point même quelque scrupule à tenter Dieu, comme on le fait ici ouvertement ? L'imprévoyance financière, la contrainte de la discipline et la forme aussi du gouvernement semblent déjà causes d'insuccès.

Le gouvernement absolu, théocratique, où le *Père* commande seul, est encore aggravé du fait d'intermédiaires féminins. Les ordres partent d'une seule autorité centrale, dégagée de tout Conseil administratif, de tout compte à rendre; ils sont distribués et surveillés, à travers la *Piccola Casa,* par les Sœurs *Vincentines.*

Dans son joli paradoxe sur le *gouvernement des femmes,* J. de Maistre constate leur habileté à conduire les hommes, mais il n'a point voulu pousser à fond son analyse. On y devine pourtant le secret de cette force, étroitement attentive et doucement tyrannique. Pareil gouvernement sait faire accepter le joug, mais l'*épikéie* dans l'application de la règle ne semble pas un mot féminin. Ce serait pourtant une condition humaine de durée, surtout quand la règle est stricte et le travail pesant. Il est vrai qu'ici nos *Frères* et *Sœurs* viennent d'une terre laborieuse, terre piémontaise ou lombarde, qui fournit aujourd'hui à travers le monde les plus robustes et les plus dociles ouvriers.

Un autre principe de ruine devrait être la foule même des hospitalisés, gens échappés à Dieu sait quelles misères! hommes et femmes qui ont fait de tous les métiers, de tous..... Comment établir l'ordre en cette cohue? Comment y maintenir la paix?

Voici pourtant le phénomène que beaucoup déclarent le plus frappant de la *Piccola Casa,* plus étonnant que son prodige financier : sa merveilleuse paix. Car, à n'en pas douter, l'ordre, la discipline, une joie harmonieuse règnent et sourient d'un bout à l'autre de cette maison si singulièrement tenue.

Sans doute, chacun de ces *recueillis* a résolu quelques problèmes dont la solution tranquillise. La vie assurée, celle d'ici-bas, celle de là-haut. Les objections et les remords apaisés. Le problème du mal, devenu, en ces murs, d'une si limpide transparence, ici où la *divina Provvidenza* tire tant de bien de tant de mal, mérite et expiation, où elle joue des pires misères, comme d'un instrument musical, en *laus perennis.* Tous ces hospitalisés furent plus ou moins hantés de la question sociale, ils en goûtent ici la réponse pratique, et sentent leurs irritantes soifs de justice noyées aux flots de la charité. S'ils gardent en leur mémoire quelque bribe de journal, quelques fragments des premiers rêves socialistes, ils les retrouvent ici réalisés, dans la forme même évoquée en caricature par les phalanstériens de jadis; ils voient, ils vivent la primitive Église. Socialisme d'État, mais d'un État régi par l'Évangile, où ils se trouvent heureux d'être pauvres, d'avoir eu faim et soif, de faire effort pour rester doux et purs.

Tout cela pourtant ne guérit point l'égoïsme naturel, les caractères hargneux, l'absence d'éducation première. Et les trente-quatre familles vivent cependant paisibles, et la grande maison qui devrait s'écrouler d'elle-même, écrasée sous son propre poids, dure depuis quatre-vingts ans.

Durera-t-elle longtemps encore ? Secret de Dieu, mais qu'il laisse entrevoir. Cottolengo voyait grand et annonçait un immense avenir. Il ne redoutait qu'une seule chose, le manque d'abandon, oubli de la Providence divine pour quelque providence humaine, providence d'argent ou de protectorat. Pour nous, sans vue de prophétie ni d'intuition, un seul fait nous rassure et donne les plus magnifiques espoirs envers la *Piccola Casa*, le fait de son expansion au dehors. Car la charité ne se limite point, *caritas urget, diffusa est caritas.*

—Cette *Piccola Casa*, redisait-il souvent, ira bien tant qu'elle n'aura pas d'argent. Le jour où elle possèdera quelque chose, elle commencera à tomber en ruines. Alors même que la *Piccola Casa* eût des rentes considérables, elle ne devrait point compter là-dessus. Il faut, si elle veut mériter l'appui de la divine Providence, qu'elle agisse comme si elle n'avait rien. Elle ne doit chercher à avoir que le pain et le vêtement nécessaires aux pauvres.

— Et si l'on a plus qu'il ne faut pour cela, lui demandait-on, à quoi devra-t-on l'employer ?

— A multiplier sans cesse les établissements destinés aux pauvres, et à donner aux autres malheureux, en dehors de la *Piccola Casa.*

Il tenait à cet esprit d'abandon, si différent de nos principes d'économie, et préférait se jeter dans les dettes plutôt que d'amasser des provisions. « Tout ceci est pour aujourd'hui, ne vous inquiétez pas du lendemain », et il gronde la Sœur qui devait distribuer un paquet de saucissons et en avait gardé une partie pour le jour suivant. Il redoute de blesser les susceptibilités de la Providence; et semble-t-elle moins généreuse, il se demande si lui-même fut assez confiant.

— Aujourd'hui cela ne va pas, je me trouve dans la pénurie, mais je devine pourquoi. Il y a dans la maison un logement inoccupé où l'on pourrait mettre au moins douze lits. Qu'on les prépare pour de nouveaux malades. Dès qu'ils y seront, la Providence y pourvoira.

De ce fait, on pouvait voir, en 1913, les dortoirs garnis déjà d'une double rangée de malades, recevoir encore, au milieu, de petits lits pour des enfants. Il semble bien qu'il n'y ait plus de place aujourd'hui; mais sa charité cherche quand même à s'épandre.

Dans notre excursion à *Cottolengo*, nous n'avons vu qu'une seule maison, la *Maison-mère*. Cependant, à travers toute l'Italie du Nord et l'Italie centrale, jusqu'aux environs de Rome, elle compte environ trois cents *filiales*, succursales plus ou moins importantes, hôpitaux, *ricoveri*, asiles, écoles, d'ordinaire aidées par les subventions des communes, mais dont une vingtaine sont entièrement à la charge de la *Piccola Casa.*

En voici deux d'un intérêt tout particulier : le *Cottolengo* du pays natal, dans la ville de *Bra*; celui de la chambre mortuaire, à *Chieri.*

*
* *

Le premier, en plein pays agricole, pays de bonnes gens, encore à l'abri des ravages de l'émigration, comptait en 1913 trente-trois recueillis. Ils se présentent à la Sœur supérieure, munis de leurs certificats : baptême, indigence, vieillesse ou maladie. La supérieure en réfère à la *Piccola Casa* de Turin, et celle-ci gouverne tout, comme du reste elle a tout fourni au temporel.

Et remontant la vieille ville, on arrive à la maison natale, au-dessus du marché, où, le vendredi, s'alignent les bœufs blancs du Piémont et les petites industries du cuir. Les achats se font avec de grands verres de vin et de grands éclats de voix au *Lévrier d'or*, à l'*Ecrevisse d'or*. Mais

BRA, LE PAYS NATAL DE COTTOLENGO

plus haut que les tavernes, les maisons comme il faut, et, parmi celles-ci, l'une d'elles porte en décoration une plaque de marbre. Bonne maison bourgeoise aujourd'hui occupée encore par des paren's du Vénérable : *Avvocato Cottolengo, Cavaliere Cottolengo.*

Un clocher l'abrite, un léger campanile de briques roses; c'est l'église de la *Très Sainte-Trinité.* Que cette ombre est allée loin ! A quelques pas de là, on arrive à l'église paroissiale où, le 4 mai 1786, était apporté aux fonts baptismaux le petit Giuseppe-Benedetto Cottolengo. De remarquables sculptures la décorent et des tableaux nombreux, mais choisis, semble-t-il, par une providence spéciale, pour sourire à ce baptême : des fondateurs d'Ordre, des serviteurs des pauvres, des serviteurs de Marie. Vincent de Paul n'y figure point, mais celui que *Monsieur Vincent* voulait imiter, François de Sales, est le plus proche de ces fonts baptismaux.

Les choux, les fameux choux de Bra, n'attirent point l'attention. En revanche, il y a ici des prunelliers célèbres. Trois fois par an, et chaque année, en plein hiver, un bouquet de ces arbustes fleurit avec abondance. Les botanistes en sont tout ébahis. Cela dure depuis un certain hiver d'il y a quatre cents ans, où une pauvre femme, fuyant la brutalité des soldats, se jeta aux pieds d'une Madone qui fleurissait en ce buisson d'épines, et les épines fleurirent aussi. C'est le sanctuaire, aujourd'hui célèbre en Piémont, sous le nom de *Madonna dei Fiori.* On aime à y voir courir et sauter à l'entour le petit Joseph Cottolengo; ces fleurs, cette Madone lui furent chères; aussi bien devait-il faire fleurir lui aussi, de quelle abondante et merveilleuse façon, les épines; il devait servir de refuge encore à bien des hommes poursuivis et à des femmes.

Ah! l'heureuse idée du sculpteur qui mit, sur la place de Bra, le buste du Vénérable sortant d'un bouquet fleuri.

Quelques kilomètres à vol d'oiseau, et c'est la maison mortuaire. *Chieri*, sur le revers tourmenté des collines turinoises, une ville d'aspect moyen âge, mais de vie bien moderne en ses filatures et ateliers.

SANCTUAIRE DE LA MADONE DES FLEURS, A BRA

teur des trente-quatre familles de recueillis, des *Tommasini* en particulier. Très cher souvenir pour les descendants de Cottolengo : c'est ici qu'il vint sourire à la mort.

Il l'avait vue venir. Dernière délicatesse, semble-t-il, de son ingénieuse charité; il ne voulut point, en sa dernière maladie, être à charge à la *Piccola Casa*. Le fondateur, si peu voyageur d'ordinaire, décida, en 1842, de faire visite à son frère, chanoine de Chieri, et de s'y *reposer*.

De belles et vieilles églises avec des tourelles aux girouettes armoriées ou les hautes façades de la Renaissance. Dans l'une d'elles, celle de Saint-Dominique, on conserve l'angélique ceinture de saint Thomas d'Aquin. Souvenir cher aussi pour l'angélique fonda-

De son lit de mort, il put diriger encore, consoler, édifier, et la chambre, conservée intacte, raconte en quelle humilité vivait et mourait le serviteur de Dieu.

ÉGLISE DE CHIERI

Cette maison devint un *ricovero*, à la charge de la *Piccola Casa*, avec quarante-cinq hospitalisés.

Rentrons à Turin. En remontant la Doire, nous atteignons un vaste terrain de 13 hectares, soigneusement clos de murs, et entouré par une boucle de la rivière : *Ospedale Amedeo di Savoia*, le plus moderne et le plus grand des hôpitaux de Turin, réservé aux maladies épidémiques. Défense absolue d'entrer. Il fut élevé en 1899, par souscription publique, où le roi d'Italie donna 160 000 lire, et 100 000 la seule *Société de l'œuvre de Saint-Paul*. Les constructions, en pavillons séparés, coûtèrent 600 000 francs. Bientôt la ville s'aperçut qu'elle ne pourrait soutenir pareille entreprise. Que fit-elle alors pour *assurer* l'avenir ? Elle abandonna le tout à une puissance financière plus solide que la grande ville elle-même, à la *Piccola Casa della Divina Provvidenza*, avec promesse d'une subvention annuelle de 20 000 francs, un peu moins que la taxe dont elle frappe

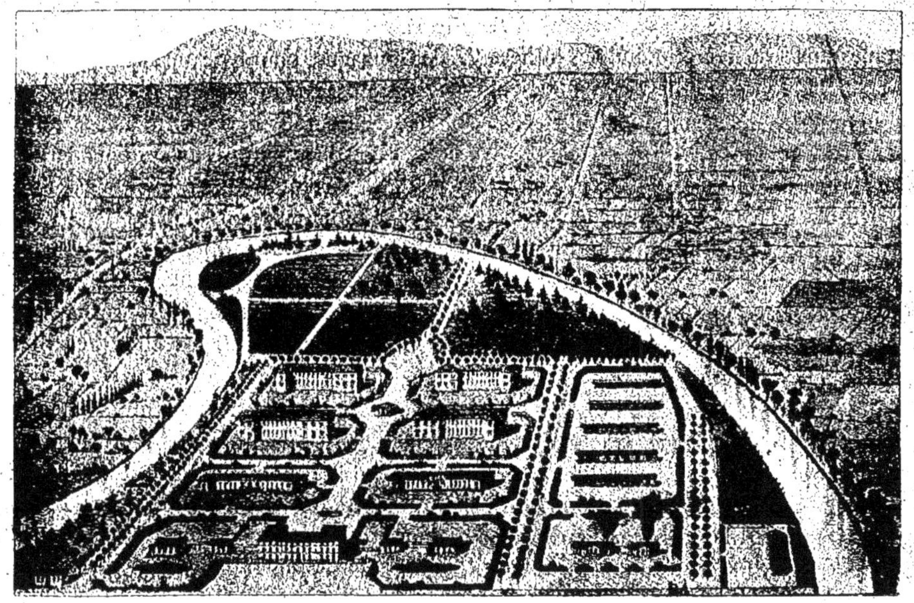

HOPITAL AMÉDÉE DE SAVOIE POUR LES MALADIES INFECTIEUSES, A TURIN

cette même *Piccola Casa*. Est-ce là une démonstration de sa vitalité féconde ? C'est tout au moins la preuve d'une confiance officielle bien renseignée. Du coup, la superficie de la *Piccola Casa* s'est augmentée du double, et aussi sa dépense. Jusqu'à ces derniers temps, elle y envoyait ses médecins, elle y enfermait, dans la stricte clôture de l'asepsie moderne, ses *Frères* et *Sœurs* de Saint-Vincent de Paul. Aujourd'hui les choses ont changé. Nous en reparlerons.

Ses médecins ! les quarante-trois docteurs inscrits au service des pauvres, ne sont-ils pas encore gage d'avenir ? Les familles riches n'auront pas aisément les spécialistes que trouvent ici les miséreux, mais les médecins de Cottolengo en subissent et diffusent le rayonnement de charité chrétienne. Prédication muette et persuasive sur ses docteurs et par eux : une des plus remarquables œuvres d'expansion de la *Piccola Casa*.

L'un des médecins majors, depuis longues

années, depuis sa jeunesse, conduit ce dur service, rétribué de Dieu seul.

Chaque matin, il consacre ici deux heures de son temps, le temps d'un médecin à grande clientèle! Il fut le premier ici à pratiquer en cas de croup, au lieu de la trachéotomie, l'intubation du larynx. Il suit de près les progrès de la science, et l'on pourrait supposer qu'à cet égard Cottolengo offre un champ utile d'expériences. En réalité, les salles d'hôpital, précieuses au débutant, sont ici d'un intérêt moindre qu'ailleurs pour un praticien. Pas d'internes à instruire; des malades peu renouvelés. Quelques-uns restent à l'hôpital des années entières. Une bonne vieille y demeura sept ans, incurable, mais vaccinée, aurait-on dit, contre la mort.

Puis les consultations quotidiennes sont une pénible charge. Le public en abuse manifestement. Or, chaque matin, des infirmes se présentent, au Père tout d'abord, puis au médecin major, et celui-ci les envoie à la Sœur supérieure, qui les reçoit selon les places vacantes.

Heures de vraie charité. Les malades arrivent; le docteur, aidé du Frère, en blouse d'hôpital, regarde, ausculte, interroge en piémontais: *Tira un fia loun!* Respirez un bon coup! là. « Un cas d'eupathie, glisse-t-il à mi-voix, voilà un bonhomme casé. »

Encore un pauvre diable, les yeux vitreux, la figure parcheminée, deux femmes le soutiennent. Le docteur jette un regard au Frère et signe le billet: arrêt de mort, un incurable.

On apporte un petit blondin, rougeaud, pleurard: « A l'orphelinat provisoire », et pendant l'entr'acte, le docteur murmure: « Encore un que ses parents oublieront de revenir chercher. »

Une jeune fille jaunâtre, lèvres bistres, les yeux un peu chavirés : histéro-épilepsie. Il y a de la place pour elle.

Une autre vient pour une verrue. Le docteur se lève, prend un flacon d'acide, opère et la renvoie. Elle aurait pu s'adresser à n'importe quelle pharmacie, mais *Cottolengo* économise deux sous, et le docteur ne s'est pas impatienté.

Voici une grand'maman, sèche comme une vieille figue. Elle a reçu un coup dans l'œil. Le commissaire devrait fournir le médecin du quartier, il a trouvé plus commode *Cottolengo*.

Et indéfiniment la série des misères grandes ou petites. Dans les cas spéciaux — et nombreux — on renvoie au *Sifilicomio* de la ville ou à l'hôpital Saint-Louis de Gonzague, pour les cancers, hydropisies, tuberculoses avancées, etc. A l'hospice des aliénés, les fous furieux, mais les autres degrés ou dégradations du système nerveux et de l'esprit humain trouvent ici refuge, avec le billet aux trois signatures.

** **

L'atmosphère de la *Piccola Casa* agit donc sur ceux qui l'approchent, éveillant leur foi, activant leur charité. Sur un simple visiteur, l'effet est immédiatement sensible, il devient profond et fécondant pour qui la pénètre de plus près. Influence qui se traduit pratiquement par l'abondance des dons et des vocations, signes de durée, le second plus encore que l'autre.

De son abondance en argent et provisions, Cottolengo peut faire l'aumône au dehors. Nous l'avons vu dans ses nombreuses succursales, mais, à la porte de la *Piccola Casa*, l'aumône se fait aussi, constamment, pour ceux auxquels on ne peut donner une place. Jadis, le Vénérable voulait qu'au temps des grands froids il y eût un chauffoir public, un brasero en plein vent, ou au moins un coin d'étable. Et les malheureux, errant par les rues, arrivaient, claquant des dents, pour se réchauffer auprès des bonnes vaches.

Chaque jour encore, l'aumône sort de la *Piccola Casa* et va chercher les malades à domicile, avec les Sœurs de Sainte-Marthe, continuant les traditions de la *Volta Rossa*.

Mais l'abondance des vocations est riche aussi, elle peut donner de son superflu à travers l'Italie, à travers les missions, jusqu'aux lointaines terres d'Afrique, auprès des Pères missionnaires de la Consolata.

Et maintenant, si l'on jette un coup d'œil d'ensemble, on a dans chaque détail une impression de déjà vu, de déjà lu,

BRA. — LA STATUE DU BIENHEUREUX ET L'ÉGLISE OU IL FUT BAPTISÉ.

mais ce qu'on n'avait point rencontré encore, c'était pareil bouquet. Oui, nous avons retrouvé quelque chose de la Thébaïde, des monastères du moyen âge et des Bangors celtiques; nous avons cru relire la vie de saint Vincent de Paul, et encore celle des Petites-Sœurs des Pauvres et des Petites-Sœurs de l'Assomption, les merveilles d'aujourd'hui; dans l'histoire du Bienheureux, on est frappé de certaines ressemblances, c'est la simplicité profonde du curé d'Ars, c'est l'abandon filial, j'allais dire enfantin, de Sœur Thérèse de l'Enfant-Jésus. Mais il fallait le groupement de tous ces traits admirables pour donner à Cottolengo, comme à son œuvre, son unique et merveilleuse physionomie.

A l'époque même où la foi chrétienne sortait rajeunie des révolutions qui voulaient l'abattre, un même souffle de charité passait. Il inspirait en Bretagne les *Petites-Sœurs des Pauvres*, dont le souvenir nous a suivi au long de notre visite à Cottolengo. Les *Petites-Sœurs* soutiennent aujour-

d'hui quelque cinquante mille vieillards, mais dispersés par groupes d'une centaine. Ici, le groupement est soixante-dix fois plus fort et plus lourd.

Le même esprit réunissait, autour d'Ozanam, la jeunesse parisienne, et son exemple ébranlait le monde entier. Si nous descendons vers Lyon, nous trouvons, toujours à la même époque, une floraison d'œuvres charitables ou apostoliques, inspirées du même esprit, celle de la Propagation de la Foi, entre toutes les autres.

Et passant les Alpes, nous voyons surgir, côte à côte, dans le même val, *Vallis occisorum*, l'œuvre de Dom Bosco, celle de la *Piccola Casa*. D'autres encore fleurissent au même lieu, au même souffle de charité, et, sous des formes diverses, font de la rue Cottolengo comme un verset de l'Evangile, car, à côté les unes des autres, vivent les œuvres de prévoyance pratique et celles de total abandon : prudence du serpent, simplicité de la colombe.

Si donc nous avons cru relire la vie de

tous les saints, inspirée en diverses formes par le même Esprit, si nous avons parfois hésité à croire une pareille Légende dorée qui nous semblait un conte, c'est que, en effet, elle était conduite par le plus fin et le plus merveilleux des conteurs d'Orient, par celui qui racontait l'*Enfant prodigue*, le *Bon Pasteur*, le *Trésor*, la *Semence* et le *Royaume des cieux*; par celui qui, dépassant les lois ordinaires, faisait les pains se multiplier, les aveugles voir, et faisait encore *bienheureux les pauvres*; par celui qui, redisant les plus simples choses, disait en même temps son tout-puissant et vital amour dans l'humble et magnifique histoire du petit grain de sénevé.

IX - Le fidèle

Dès 1863, dix-neuf ans après la mort du chanoine Cottolengo, un procès canonique s'ouvrait pour élever plus haut que les honneurs terrestres l'humble serviteur de Dieu et serviteur des pauvres. De Turin, la renommée grandissante de la *Piccola Casa* s'était répandue au loin; on redisait partout avec admiration, avec une véritable stupeur, l'histoire de *ce miracle de chaque jour*.

Deux papes, Grégoire XVI et Pie IX, avaient béni l'œuvre et le fondateur. L'Église voulait faire davantage.

Le procès canonique de 1863 commençait à l'endroit même où le pauvre chanoine avait jadis entrepris son œuvre. Nombreux étaient les témoins; la *Piccola Casa* était déjà un quartier de la grande ville. Des proches parents de Cottolengo vivaient encore. Ils avaient cette joie, cette gloire, de voir s'illuminer autour de leur nom une auréole éternelle. Les informations durèrent dix ans, et leurs comptes rendus forment dix-sept volumes.

En fait, le plus éloquent témoin de cette vie étonnante n'est-il point, et de plus en plus, l'œuvre elle-même qui la continue, conservant, aujourd'hui encore et malgré tout, avec l'abandon absolu à la divine Providence, la manifeste intervention quotidienne de cette Providence elle-même, engagée en cette *Piccola Casa* plus visiblement peut-être que partout ailleurs.

Aussi bien, pour tracer la physionomie de Cottolengo, a-t-il suffi de pénétrer un peu intimement sa merveilleuse et toujours vivante maison. Cependant, l'Église, jalouse de la gloire de ses saints, regarde de plus près encore. Elle s'intéresse à la personne elle-même, à l'héroïcité de ses vertus, aux directes et plus éclatantes interventions de Dieu par l'intercession de celui qu'elle voulait déclarer *Vénérable*.

Aujourd'hui, cet examen trouve un couronnement plus lumineux encore par une solennelle béatification.

En son discours du 13 août 1916, S. S. le pape Benoît XV faisait remarquer comment arrive bien à son heure la mise en lumière de cette foi, de cette charité, telles qu'elles apparaissent en l'âme de Joseph-Benoît Cottolengo. Opportune vision, en nos jours de haine, d'égoïsme féroce et envahisseur, en nos temps de guerre, châtiment et suite fatale de nos jours sans foi et sans amour. A côté de l'appel aux armes, combien résonne avec douceur cet autre appel, entraînant tant d'âmes autour de celle de Cottolengo : *Caritas Christi urget nos*. Et le Saint-Père oppose cette devise toute céleste et si humaine à la devise actuelle de nos sociétés en fureur : *Homo homini lupus*. Ce sera donc spectacle reposant et fortifiant que de regarder vivre le bienheureux ami des souffrants, ami des pauvres et ami de Notre-Seigneur.

**
**

Comment la Providence a-t-elle préparé cet apôtre? Comment se formait le formateur des trente-quatre familles de la *Piccola Casa* ? Cette étude plus lointaine nous ramène au petit pays de Bra, à l'ombre de l'église de la Trinité, vers la fin du xviiie siècle.

Les environs de la capitale turinoise, les campagnes un peu reculées surtout, ont gardé un catholicisme intact et fervent que ni la philosophie ni le joséphisme des grands pays voisins n'ont encore amoindri. Au pied des coteaux de Bra passe la route de Turin à Gênes, et la perspective s'étend, magnifique, jusqu'à la dentelle blanche des Alpes lointaines. Mais la petite ville piémontaise se garde en ses hauteurs champêtres, en ses vieilles traditions de foi. Aujourd'hui encore, les églises de ce temps-là, entretenues et décorées par les habitants, témoignent de leur religion pratique ; leurs familles nombreuses en témoignent aussi.

Le 3 mai 1786, à 3 heures de l'après-midi, naissait l'aîné d'une famille qui comptera douze enfants, la famille de Joseph-Antoine Cottolengo. Cinquante-six ans plus tard, le 3 mai encore, et à 3 heures de l'après-midi, à l'heure du *Consummatum est*, sera inhumé aux pieds de la Madone, en sa *Piccola Casa*, le grand serviteur de Dieu, qui n'est encore qu'un nouveau-né. Il reçoit au baptême les noms singulièrement prédestinés de Joseph-Augustin-Benoît. *Joseph-Benoît* sera le nom officiel de cet humble, de ce pauvre parmi les pauvres, semblable, par plus d'un trait, à un autre très humble et très grand, mis par l'Église sur la splendeur de ses autels, mais relevé d'une telle humilité! Benoît-Joseph Labre. *De stercore erigens pauperem.* Plus communément, le petit Cottolengo s'appellera *Joseph* tout court, et le Patron de l'Église universelle, le modèle de foi, de vie intérieure, le pourvoyeur de tant de pauvres, n'éclipsera point les influences diversement sanctifiantes de saint

LE BIENHEUREUX JOSEPH-BENOÎT COTTOLENGO

Benoît, de saint Augustin, ces fondateurs de la vie religieuse en Occident.

Trois patriarches veillent ainsi sur le berceau de Joseph-Augustin-Benoît, un futur patriarche aussi.

Autour de ce berceau, point de légende hagiographique, et c'est tant mieux. Le père travaille ; son fils, quand on le saluera plus tard comme M. le chanoine ou M. le supérieur, écartera les vains titres pour rappeler que son père portait la besace, que ses aïeux étaient portefaix. Il se traitera lui-même de cordonnier. La mère comprend son devoir de chrétienne: elle donne des enfants à la patrie et des élus au bon Dieu, elle les nourrit, elle les élève dans toute la force du terme.

Et Joseph-Benoît a besoin d'être élevé. Au-dessus de son caractère d'abord, car le petit Piémontais aux yeux vifs, aux cheveux noirs, a du sang dans les veines. Il rit et saute, et danse volontiers, mais il se fâcherait volontiers encore, si une main ferme ne réprimait les écarts d'humeur. Tempérament sanguin qui doit se vaincre, comme le fit un autre protecteur et modèle, saint François de Sales, dont la statue voisine avec les fonts baptismaux de Bra. Parmi d'autres traits de ressemblance, le suave mais ardent évêque de Genève et le paisible fondateur de la *Piccola Casa* ont ceci de commun que, d'après leurs contemporains, on les aurait crus sans fiel tous les deux.

Une autre influence bien marquée agissait en même temps sur la jeune

MAISON NATALE DU BIENHEUREUX COTTOLENGO, A BRA

âme. Il y avait, pour diriger la paroisse, un prêtre excellent, homme de piété et de savoir, le prieur Amerano. Devançant d'un siècle les usages chrétiens, ce pasteur eut la hardiesse de faire communier le petit Joseph à neuf ans. Première Communion qui mettra en ce jeune cœur un désir de plus en plus vif, de plus en plus zélé, pour la communion fréquente et quotidienne, considérée alors, par l'ordinaire mentalité religieuse, comme un scandaleux abus.

Ainsi que beaucoup d'enfants prédestinés, le petit garçonnet se plaît, même en ses amusements, aux choses d'église, et le voilà à dire la Messe, à jouer au sermon. Ce n'est pas tellement un jeu que cela ne devienne bientôt occupation directement pieuse et véritable apostolat, car, le rosaire aux doigts, il court inviter voisins et voisines à réciter le chapelet de compagnie. Mais s'il prêche déjà comme un jeune vicaire, il chante assez mal, et jamais sa voix ne parvint à se dérouiller. Par la suite, il essaya de prendre des leçons de chant :

— Argent perdu ! disaient en riant ses compagnons de Séminaire.

A l'école communale, le petit Cottolengo ne se distinguait point non plus par des succès. Aimable garçon, la main toujours ouverte aux mendiants, ce n'était pas, néanmoins, un brillant écolier.

— Vous autres, tout de suite vous comprenez, disait-il à ses condisciples, et moi je n'y vois rien.

Joseph souffrait, jusqu'à en pleurer, de cette humiliation.

Il savait pourtant assez de calcul pratique pour s'amuser à un autre jeu, bien peu ordinaire pour un enfant, celui de mesurer une chambre pour savoir ce qu'elle peut contenir de lits.

— Et pourquoi donc ? lui demande sa mère.

— Pour y mettre le plus possible de pauvres, répond l'enfant prédestiné.

Prédestination déjà visible à une ambitieuse charité qui montait en ce jeune cœur à la vue des pauvres. Pour leur faire l'aumône, il prenait sur son maigre déjeuner ; aussi bien voyait-on près de l'école de Bra un spectacle peu banal : les mendiants accourir et déjà presque former la haie sur le passage du petit garçon.

Cependant, l'humiliante épreuve de l'écolier allait cesser. Jusqu'en sixième et en cinquième, Joseph Cottolengo était demeuré aux derniers rangs de sa classe. Sur le conseil de sa mère, il prie alors, avec une insistance toute spéciale, l'Ange de l'École, saint Thomas d'Aquin, et voici que son intelligence nouée s'ouvre et se développe. Dès l'année suivante, Cottolengo prend la tête de sa classe, la langue hésitante se délie aussi, et bientôt c'est l'écolier disert, c'est le porte-parole dans toutes les solennités, c'est la petite gloire scolaire de Bra.

Sa gloire devait aller plus loin et plus haut.

Tous ses goûts tendent au sacerdoce, et, bien que les projets de sa famille en soient d'abord un peu contrariés, Joseph se met aux études cléricales.

Mais nous sommes en 1800. L'Université de Turin est désorganisée : la guerre a passé là. Néanmoins, la Providence veille, et deux professeurs de cette Université se trouvent réfugiés à Bra, en vacances forcées : ce sont le théologien Lione et le docteur agrégé Ferrero. Heureux de se retrouver professeurs, ils s'aperçoivent bientôt qu'ils ont rencontré un élève de choix, dont le progrès a de quoi exciter le zèle d'un maître, de deux surtout. L'étudiant répond aux soins qu'on lui donne, et, chose rare en famille, il peut, chez lui, consacrer six heures par jour au travail intellectuel. Par ailleurs, on dirait un ermite, tellement il garde la maison. Il est vrai qu'il fit, ces derniers temps, certaine lecture particulièrement attachante.

Cottolengo n'est point la seule âme jeune sur laquelle la *Vie des Pères du désert* ait produit cette étrange séduction. On se rappelle la petite Thérèse d'Avila courant à leur suite fonder un ermitage, dans un coin du jardin. Elle fonda mieux plus tard. On sait quelle influence eut cette même lecture sur le jeune de Rancé, abbé commendataire de la Trappe, et de quelle réforme austère, désertique, elle fut l'origine parmi l'Ordre cistercien.

Combien fécondes devaient être ces lectures du laborieux étudiant de Bra ! Toujours il sera hanté par des souvenirs de Thébaïde, et il fondera de véritables laures, Trappe et Carmel.

Pour le moment, malgré son désir intense de solitude, c'est l'élève studieux, charitable aux pauvres, zélé à faire le catéchisme autour de lui ; et il le fait bien. Le voilà même presque directeur d'âmes auprès de ses jeunes frères, qu'il morigène à l'occasion, et auxquels il enseigne la pratique de l'examen particulier.

Une autre lecture viendra à son heure, et qui aura l'influence prépondérante, décisive, celle de la *Vie de saint Vincent de Paul*. Mais déjà voici comment se formulait la théorie de la charité, en cette âme de dix-huit ans.

— Les pauvres, disait-il aux siens, sont les pupilles du Christ et ses représentants. Qui veut lui plaire en sait donc le moyen, puisque Jésus-Christ nous l'enseigna ; et il nous le commande. D'ailleurs, ne sommes-nous pas tous des pauvres devant lui ?

Pauvre à l'incessante prière, avec ce besoin, cette urgente demande de sanctification que le serviteur de Dieu inspirera autour de lui. *Fateci santi !* Faites-nous saints ! répète, depuis près d'un siècle, toute la *Piccola Casa ;* ce désir, cette demande prime les autres, elle remplit le cœur du jeune homme, il l'écrit en tête de ses cahiers.

— Je veux devenir un saint. Avec l'aide de Dieu, je le deviendrai.

Au soir de sa vie, ne l'entendra-t-on pas redire :

— Je répète toujours que je veux devenir un saint, et je suis toujours un méchant. Mais je le veux véritablement, et, avec l'aide de Dieu, je le deviendrai.

Devenir un saint, il le demandait à la Madone, à laquelle il aimait à tenir longuement compagnie, dans un coin de la maison, sanctuaire réservé de sa bonne Mère.

Plus tard, dans sa chambre sacerdotale,

il y aura une place d'honneur pour l'autel de Notre-Dame, devant laquelle il entretiendra une cage de canaris, musiciens délégués auprès de la Madone par un serviteur zélé, mais qui ne chante pas assez bien.

— Vous ferez de la bonne musique à Marie, qui est votre Reine comme la nôtre, disait-il à ses canaris. Quand je reste ici, dispensez-vous de chanter, mais dès que je sors, jouez vos aubades et vos sérénades à la Madone, dont je vous établis chanteurs et musiciens.

Au temps des anciens anachorètes, comme à celui de François d'Assise, les animaux s'entendaient parfaitement avec les saints du bon Dieu. Il faut supposer que les canaris de Cottolengo eurent l'oreille aussi ouverte à ses ordres que certains autres volatiles, plus tard, à la *Piccola Casa*. Ce sont des oies dont le caquetage trouble souvent la *Laus perennis*. Cottolengo, qui a reçu des plaintes, descend dans la basse-cour :

— Avec vos cris bruyants, dit-il à ses oies, vous dérangez nos prières. Ce n'est pas bien..... Désormais, pour aller au bain, vous passerez par ici, et en silence, le matin quand nous serons à l'église, ainsi qu'à notre prière du soir.

L'histoire ajoute que le sermon fut pratiquement bien compris, comme l'étaient ceux du pauvre d'Assise au loup de Gubbio et à ses frères les oisillons.

Ce désir de sanctification se traduit par une pratique bien extraordinaire pour l'époque, surtout chez un jeune homme : la communion deux fois par semaine. Chaque vendredi, très ostensiblement, l'étudiant se rend à confesse. Il aura toujours le sentiment qu'agir de la sorte est un persuasif apostolat. Quand il sera chanoine et fort en vue à Turin, il ne craindra pas de se montrer sur le chemin du confessionnal.

—C'est demain vendredi, l'entendra-t-on

dire, il faudra que j'aille à confesse..... Et au retour : Je viens de Saint-Philippe, mais que voulez-vous! toujours je me confesse et jamais je ne change. Toujours je promets de mieux faire et toujours je demeure le même. Je veux aller pourtant au paradis. Heureusement, Dieu est bon.

***

En 1805, la conscription napoléonienne pesait sur la Haute-Italie. Cottolengo Joseph était inscrit sur les rôles. Cela mettait fin à tous les rêves d'une tranquille éducation sacerdotale. Cependant, Notre-Seigneur, qui voulait former au plus tôt ce cœur de prêtre, sut détourner le coup par l'intervention de l'évêque d'Asti, duquel relevait la paroisse de Bra, d'après la nouvelle administration française.

Assurément, la démarche de ce prélat indique combien il appréciait déjà cette vocation, car non seulement il la sauvait de la caserne, mais il la voulait accueillir et cultiver en son Séminaire d'Asti. Le nouveau séminariste eut tout de suite un rang distingué; c'était un brillant sujet que ses condisciples avaient surnommé *Cicéron*.

Quand, par la suite, on l'entendait parler familièrement, *alla buona*, parmi les recueillis et les Vincentines de la *Piccola Casa*, on pouvait le trouver fort peu cicéronien. Néanmoins, qu'on ne s'y trompe pas, il y a sous cet extérieur abandonné, volontairement dédaigneux de l'art, une humilité qui dissimule le très réel savoir, et en particulier le savoir bien dire, l'habile construction du discours. Ce *Padre* de la *Piccola Casa* qui ne veut être ni *Signor Reverendo* ni *Signor Canonico*, et qui parle habituellement piémontais, ce bonhomme simple de langage, possède parfaitement les deux langues polies de Turin, l'italien comme le français, et le français des de Maistre témoignait alors de la culture turinoise.

Ordonné sous-diacre à Castagnole, en 1810, Cottolengo reçut l'année suivante le diaconat et la prêtrise, à Turin, des mains de l'archevêque, qui était alors Mʳ Solaro.

Puis il revint au pays de Bra.

— Pourquoi Joseph pleure-t-il à l'autel? demande naïvement son petit frère, son servant de Messe quotidien.

Ce ne sont plus cependant déjà les premières Messes, ce sont les ordinaires Messes de chaque jour, auxquelles jamais ne manque Cottolengo et auxquelles son âme pure ne s'*habitue* point.

X - L'apôtre

Le jeune prêtre a les mains chargées de bénédictions, il a besoin de relever, de consoler, d'absoudre. Toutefois, le bonheur d'aider les âmes au confessionnal se mêle bientôt pour lui d'un réel dégoût et aussi de frayeur. Ce juge des consciences n'a pas trente ans, l'expérience de la vie n'est pas encore venue, et son savoir livresque se perd en des cas embrouillés. Il lui arrive de retenir une demi-heure son pénitent..... et de lui donner une solution fausse.

Mais le Père de son âme est encore prieur de Bra, et Amerano lui sert de guide aux complexes détours de la casuistique. Bientôt Cottolengo pourra être guide à son tour, avec combien de prudence et de sûreté!

Parole vivante, solide piété, la bonne odeur de Jésus-Christ se répand déjà, et le jeune prêtre est demandé en dehors de Bra. Plusieurs curés, plusieurs paroisses, désireraient pareil vicaire. Corneliano l'obtient.

— J'irai partout où le voudront mes supérieurs, avait-il toujours dit. Je ne désire rien, je ne cherche que le bon plaisir de Dieu.

Aussi bien, cherche-t-il attentivement ce bon plaisir divin pour lui-même et pour les âmes, dont il sent désormais peser sur lui la redoutable responsabilité.

Tout de suite il s'adonne au ministère capital, à celui des catéchismes, très en honneur dans la Haute-Italie, depuis saint Charles Borromée. Tout de suite encore, il se met à l'aise avec ses paroissiens, et le bonjour amical, le *tchau* piémontais, se continue par une petite conversation, *alla buona*.

— Eh bien, ça va? On a bien commencé la journée? Est-on allé à la Messe? Le voilà, le voilà, notre grand trésor. Ah! sans la Messe, que deviendrions-nous? Assistons-y tous les jours, tous les jours, et nous verrons que tout ira bien.

Naturellement quelques objections surgissent, mais le zèle du pasteur les rétorque aussitôt.

— Mauvaise économie de temps qui fait manquer la Messe, reprend-il. Les affaires n'en iront que mieux si, dès le matin, elles sont bénies.

Aussi, pour que les paroissiens puissent suivre son avis, ce sera lui, le jeune vicaire, qui se chargera de la Messe extrêmement matinale, où, dès 3 heures du matin, peuvent se rendre les campagnards que l'aurore appelle au marché ou aux champs.

— Quant à ce qui est de prêcher, notre vicaire est tout à fait incomparable! répètent volontiers les gens de Corneliano, flattés d'avoir un pasteur aussi savant et aussi simple à la fois.

Or, c'était précisément son savoir théologique, son aisance de parole, qui allaient éloigner ce prêtre excellent de Corneliano. Pressé par le prieur de Bra et par le professeur Ferrero, qui est revenu à l'Université royale, Cottolengo cède à leurs instances, comme à une voix du ciel; il résigne sa charge de vicaire et il se rend, en 1814, à l'Université de Turin.

**

A Turin, Cottolengo demeurera désormais jusqu'à la mort. Il y survit toujours et de quelle merveilleuse façon! Cependant, le projet des deux théologiens, ses amis et guides spirituels, n'est point celui que la Providence prépare. Amerano et Ferrero veulent mettre en lumière ce vif talent par eux découvert. Ils insistent pour que Cottolengo prépare un doctorat en théologie, et ils le font recevoir au collège des Provinces.

Deux ans après, le 14 mars 1816, c'est, en effet, une brillante soutenance à laquelle assiste la société turinoise, dans la grande salle de l'Université.

— Je pense, dit-il à un ami, être nommé docteur aujourd'hui, mais je tiens à recevoir ce bienfait des mains de la Madone. Viens donc avec moi au sanctuaire de la *Consolata*. J'y dirai la Messe, tu me la serviras, et, après l'action de grâces, je t'offrirai un bon déjeuner.

La *Madonna della Consolata* voulait donc près d'elle son dévot serviteur, et ce bienfait du doctorat, dont on la remerciait ainsi d'avance, elle le donnait avec un éclat inaccoutumé. Il fallait bien, en effet, que le mérite du jeune prêtre de Bra fût peu commun, puisqu'il obtint, et sans l'avoir sollicité, une faveur à laquelle il n'avait nul droit, un honneur réservé exclusivement à des fils de Turin, celui d'entrer parmi les chanoines du *Corpus Domini*.

Turin, comme toutes les vieilles capitales, est jaloux de ses privilèges et de ses souvenirs, et quel souvenir celui de l'hostie volée, mais échappée à ses profanateurs et attendant, suspendue en l'air, le clergé turinois qui la doit recueillir. La Congrégation privilégiée du *Corpus Domini* faisait partie de la collégiale de la Sainte-Trinité, à la cathédrale de Turin, depuis 1774. Assurément, le jeune docteur Cottolengo, revenu à Bra parmi ses livres et ses parents, ne songe point à d'ambitieuses situations dans la capitale. D'autres y pensent pour lui.

Le chanoine Casalis, membre de la Congrégation et du Chapitre, vient d'être nommé archiprêtre d'Agliè. Il s'agit de le remplacer, et voici précisément ce Dom Casalis, ne connaissant guère Cottolengo que par la soutenance de sa thèse, qui va cependant solliciter de ses collègues, avec l'appui du chanoine Agodino, recteur du *Corpus Domini*, leurs suffrages pour le jeune docteur. Devant l'hésitation des chanoines de la cathédrale, le professeur Ferrero parle à son tour. Celui-ci connaît, mieux que par une simple thèse, le mérite de ce candidat qui n'a rien demandé, et l'éloge qu'il en fait est caractéristique.

— Sans doute, vous avez ici des prêtres recommandables par leur piété, leur science et leur zèle; toutefois, j'en suis persuadé, Cottolengo sera pour votre Congrégation une *perle précieuse*. Les vertus qu'il a déjà montrées dans l'exercice du saint ministère, son amour du travail et, par-dessus tout, sa grande humilité me permettent d'affirmer que si vous réussissez en votre dessein, ce sera un vrai présent que vous aura fait le Seigneur. Ne vous arrêtez donc pas, je vous prie, à la pensée qu'il n'est point né à Turin.

On passa donc par-dessus l'origine provinciale, et les chanoines firent les démarches nécessaires, en ce cas, auprès du Conseil municipal. Le maire de Turin, marquis Lascaris de Vintimille, proposa la chose au Conseil, qui accepta. Témoignage non équivoque de la valeur peu commune reconnue par tous à ce jeune prêtre de Bra.

En 1818, le nouveau chanoine Cottolengo est installé; il doit subir les compliments de la société turinoise, dont la courtoisie est proverbiale. Embarras de l'humble docteur qui commence, devant les Turinois, ces dépréciations de lui-même, ces plaisanteries sur son propre dos, devenues ensuite une habitude.

— Après votre doctorat, la pensée de Turin vous hantait, je pense.

— Moi! répliquait-il, mais pas même

en rêve. Je ne songeais qu'à planter des
choux, à Bra.

Comme à Corneliano, il se met aussitôt
à l'ouvrage, et l'église du *Corpus Domini*
a du travail pour qui sait en prendre. Il
y a les pauvres. Cottolengo veut connaître
tous ceux de la paroisse. C'est un consolateur des petites gens, il leur donne tout, et
le jeune ecclésiastique turinois n'a jamais
de vestiaire. Néanmoins, en aumônier
avisé, aux enfants il donne des bons de
pain plutôt que de la monnaie.

Il y a les catéchismes. Ceux du nouveau
chanoine, comme ceux du curé d'Ars,
sont d'une attirance particulière. Langage
« semblable à la lumière du jour », disait-
on de ces causeries familières qu'aimaient
à suivre, non seulement les petits, à cause
des images, des cadeaux et des mots
aimables, mais les grandes personnes aussi.
« Allons au catéchisme, à celui que fait le
bon chanoine. »

On le trouvait, là aussi, incomparable
pour prêcher. Au début, il songe à soigner
sa prédication : une grande ville aime la
grande éloquence, pense-t-il. Un de ses
auditeurs, le théologien Romano, l'aide
à mettre les choses au point et, grâce aux
conseils de ce prêtre avisé, homme de goût
en somme, Cottolengo abandonne défini-
tivement les colifichets de la rhétorique
pour une parole plus près des âmes, plus
près de Dieu.

« Je ne chercherai plus les expressions
élégantes ; le Seigneur m'en a fait comprendre l'inutilité. J'irai tout bonnement,
tout simplement *in Domino*, et je serai
court », relativement du moins aux ordinaires prédicateurs. Tant de belles choses
dites, à partir d'un certain moment de
lassitude dans l'auditoire, ne sont-elles pas
paroles et temps perdus?

De la chaire au confessionnal, le voyage
est habituel à un prédicateur de grande
ville. Mais le tribunal de l'humble chanoine veut se rendre utile à une clientèle
moins intéressante, dirait-on, ou plus dé-
laissée. Une fois sa Messe dite, et de très
grand matin, Cottolengo attend. Il reçoit
alors toute une population de pauvres, de
paysans, d'ouvriers et d'ouvrières qui se
rend au travail ou au marché, et qui, le
panier au bras ou l'outil à l'épaule, vient
saluer la Madone et prendre un bout de
Messe. Le confesseur des pauvres attend
ainsi jusqu'à midi. Le lundi seulement,
jour de repos en maint pays ouvrier, il
trouve un peu de congé et l'accepte gaiement.

— Je prends mes vacances comme les
cordonniers, dit-il avec une pirouette.

Ce confesseur dévoué de la sorte à une
clientèle de pauvres attire bientôt d'autres
âmes, et pour le plus grand bien des unes
et des autres, car déjà la charité indus-
trieuse du bon chanoine tourne la piété
féminine vers un actif travail. Ce n'est
pas en vain qu'il a lu la vie des Saints et
des Saintes. Les exemples de sainte Élisa-
beth, de sainte Chantal et de tant d'autres
grandes chrétiennes auprès des pauvres de
Jésus-Christ, sont par lui proposés en
modèles à suivre.

Il parle peu, maintenant, dans ses entre-
tiens au confessionnal, mais il inculque
la présence de Dieu, l'habitude de la communion ; il suggère d'occuper utilement
l'oisiveté des visites, et peu à peu s'intro-
duit la mode, parmi les dames turinoises,
de travailler ensemble pour les pauvres.

*
* *

Il faut mettre ici plus en lumière une
âme prédestinée du ciel à aider puissam-
ment l'œuvre de Cottolengo, l'âme de la
cofondatrice en sa *Piccola Casa*. Dirigée
par le bon chanoine depuis 1819, Mme veuve
Nasi portait, avec une grande part des mé-
rites, le reflet des vertus de notre Bienheureux ; mais, à son tour, son âme vail-
lante, avec toute la finesse féminine et
italienne d'une grande dame de Turin,
réagissait sur son propre directeur. Ainsi

sainte Chantal à l'égard de saint François de Sales.

En 1791, au temps où le petit Cottolengo s'amusait à cuber des chambres d'hôpital, Marie, de son nom de famille Marie Pullini, était née à Turin. Elle y fut élevée. C'était une jeune fille d'une grande douceur, habituée à une piété active dont la Messe quotidienne et l'usage fréquent des sacrements donnent déjà le ton. Ses goûts sembleraient l'incliner vers la vie religieuse, mais la Providence paraît en disposer autrement, et, en 1812, Marie épouse Charles Nasi, dont le commerce d'ornements d'église cadre bien avec les habitudes chrétiennes des deux époux. Charles est fort assidu à l'oratoire Saint-Philippe.

De cette union naissent deux fils. Le premier repart pour le ciel; l'autre, Jean Nasi, vivra presque jusqu'au xxᵉ siècle et mourra plus qu'octogénaire. Après cinq ans de mariage, Charles Nasi meurt de la petite vérole noire, contractée au chevet des malades, et sa veuve prend le deuil pour toujours.

Retirée d'abord, avec son fils Jean, chez ses parents, elle refuse les divers partis qui se présentent, attirés par la jeunesse, la fortune et les qualités de la grande dame en deuil.

Cependant Cottolengo avait entrepris certaines choses, à la *Volta Rossa*, pour le soulagement des abandonnés. Il y avait intéressé diverses personnes et les chanoines, ses collègues, tout d'abord. Intérêt assez platonique de leur part, assez mêlé aussi. De plus actifs collaborateurs lui vinrent d'un portefaix, Thomas Roland, et d'un médecin, le distingué Dr Granetti, qui accusait le bon chanoine de lui avoir « volé le cœur ».

L'œuvre grandissante, transplantée de la Volta Rossa au Valdocco, avait besoin de soins plus délicats et continus, de sollicitude maternelle. Aux dames turinoises qui avaient généreusement répondu à l'appel du bon chanoine, en 1828, succédaient trente jeunes filles, dites *supplémentaires*, et toute une famille religieuse allait se fonder.

Le fondateur songeait. Il faut à ces enfants, vaillantes mais si jeunes, une supérieure de choix. Ce doit être une dame de haute éducation, mais dégagée du monde que, d'autre part, elle doit bien connaître. Qu'elle soit habile à conduire une maison, qu'elle sache coudre et cuisiner et tenir les comptes. Il la faut robuste et attentive, mais douce surtout et unie à Notre-Seigneur.

Depuis dix ans, Mᵐᵉ Nasi est sous la conduite spirituelle de Cottolengo. Elle s'est fait une solitude de sa maison de campagne, au val Platonera, et son veuvage est devenu vie d'oraison. Elle lit la Sainte Ecriture et l'*Imitation*, elle s'éprend de sainte Thérèse et de sainte Chantal, en saint François de Sales elle puise le suc de la vraie dévotion ; elle voudrait offrir à Notre-Seigneur sa jeunesse et sa fortune parmi les Visitandines.

LA « PICCOLA CASA », A TURIN

Son directeur occupe à des œuvres de charité cette ferveur, réglée du reste par un jugement très sûr. Mme Nasi, qui est à la communion quotidienne depuis 1819, est une zélatrice de l'adoration perpétuelle. Quand on porte le Viatique aux malades, elle se fait un devoir d'accompagner Notre-Seigneur à travers les rues ou de le faire accompagner, et, dans ses fréquentes visites aux infirmes pauvres, elle sait prévenir à temps le prêtre en cas de danger. Elle s'occupe encore à instruire des enfants, à suivre de pauvres jeunes filles en quête d'une place ou d'un asile sûr. Le directeur a voulu que l'amour pour Jésus se traduisît en charité pour les pauvres ; sa fille spirituelle devra donc restreindre les visites mondaines au profit des courses à l'hôpital ou parmi les mansardes.

La Providence prépare. Rien de décisif n'est pourtant sorti encore de l'esquisse. Car, de son côté, le chanoine Cottolengo avait connu de vifs désirs de la vie religieuse ; lui aussi prenait les conseils d'un directeur.

A Turin, il avait remis le soin de sa conscience à un prêtre de l'Oratoire, le P. Fontana, auquel il obéissait avec une simplicité d'enfant. L'Oratoire de Saint-Philippe de Néri l'attirait alors de bien des façons.

— Quelle belle chose de vivre avec un Philippin et la Vierge Marie ! disait-il à son frère. Prie beaucoup, car je me sens porté à faire quelque chose pour Dieu, mais je ne sais trop encore quoi. Oui, prie

AUTEL DE L'ÉGLISE DE LA « PICCOLA CASA »

pour moi, et le P. Fontana finira par me dire quelque chose.

En effet, le prudent directeur auquel Cottolengo s'était ouvert de son désir de vie religieuse avait remis la décision à un mois. Au commencement de 1827, la réponse vint, et ce fut l'Oratorien lui-même qui dissuada le chanoine :

— La cause est jugée, disait Cottolengo à son frère, mon confesseur a parlé et je ne songe plus à rien de cela. « Vous ne serez pas Philippin, m'a-t-il dit, mais un *pauvre prêtre* de Turin, et Dieu vous emploiera à certaines œuvres pour sa gloire. »

Le P. Fontana allait décider d'une autre vocation encore, et de lui la *Piccola Casa* recevrait ses deux fondateurs. Connaissant par le bon chanoine son projet de donner aux pauvres une famille de servantes, il savait aussi qu'une mère et maîtresse semblait toute désignée par la Providence, Mme veuve Nasi. Mais Cottolengo voulut s'abriter sous l'approbation du P. Fontana pour parler de son projet définitif à sa fille spirituelle.

— Rien de meilleur que de secourir Jésus souffrant en ses membres, les pauvres, et réjouir le cœur de Dieu en lui donnant des épouses fidèles ! Vous voulez être religieuse, vous désirez vous consacrer à la pratique de la charité et de l'amour divin, eh bien ! ce double amour vous est offert dans le soin des pauvres, des malades, et dans la sainte direction de nos Sœurs. Examinez donc toutes choses, priez beaucoup, et quelle que soit votre réponse je la regarderai comme venant de mon Jésus.

Pareille réponse, Mme Nasi ne pouvait la donner sans tenir compte de ses devoirs maternels. Son fils Jean allait vers sa seizième année; il devait bientôt se faire une situation dans le monde, et il achevait alors ses études à Chieri. Sa mère, qui a consulté sa famille, vient chercher un conseil et même une décision auprès du jeune homme :

— Crois-le, Jean, je ne ferai rien sans ton avis. Si tu approuves, j'accepterai; sinon, nous laisserons aller les choses comme elles vont. Réfléchis donc sérieusement. Si tu dis oui, je m'occuperai de ces œuvres; si tu refuses, je renonce à mon projet pour ne m'occuper que de toi.

Le généreux jeune homme a de qui tenir. En ce moment, il semble inspiré d'en haut, et, sans hésitation, d'un seul élan, il déclare ne vouloir que la volonté maternelle, « heureux, dit-il, de voir sa mère en pareil dévouement et fier de joindre son sacrifice au sien ». Dieu, par ailleurs, sut tempérer le double sacrifice, et Mme Nasi trouva le moyen d'aider Jean à se faire une situation honorable dans le monde. Néanmoins, c'est à la décision et au sacrifice de cet adolescent que la *Piccola Casa* doit sa première mère.

Au lieu d'un fils, cette mère chrétienne allait pouvoir offrir à Dieu tout un peuple d'enfants, elle seconderait efficacement les projets devenus grandioses de Cottolengo. Plus préoccupé encore du progrès spirituel de ses recueillis que de leur soulagement temporel, celui-ci avait de hautes ambitions pour la gloire de Dieu. Il rêvait de lui offrir non seulement une maison de charité, mais toute une gerbe d'Ordres religieux, celle que nous admirons en plein épanouissement, aujourd'hui, dans la *Piccola Casa*. Et ce peuple de contemplatifs ou d'actives servantes regarde en passant le portrait de Mère Nasi avec une reconnaissance vraiment filiale.

Le tout premier essaim de religieuses avait logé d'abord à l'hôtel Nasi, rue Palatine. Leur nombre s'étant accru, elles occupèrent huit chambres dans la rue voisine; elles étaient déjà quarante. Quand on s'établit au Valdocco, elles mirent les malades dans les chambres disponibles et se logèrent elles-mêmes, on se le rappelle, à l'écurie.

Nommons les premières des héroïques enfants de Mère Nasi, devenues mères et sœurs de tant de malheureux. Après sa belle-sœur, Mme Fabre, qui fut la première des Dames de charité, initiatrice des Vincentines, voici, parmi les jeunes filles que Cottolengo demandait au curé de Virle, en 1830: Sœur Marie-Madeleine, Sœur Catherine, Sœur Symphorien, et trois sœurs par le sang, les demoiselles Rey, de Turin. Elles répondaient bien au désir du chanoine quêteur : « Des jeunes filles de bonne santé et de bonnes mœurs, qui aient le désir de servir Jésus-Christ et les pauvres. »

Avant le terrible noviciat que Cottolengo lui-même fit subir à douze d'entre elles, un peu plus tard, le premier règlement des Vincentines était austère déjà. Lever à 4 heures, oraison et Messe quotidienne, peu à peu la communion quotidienne aussi. L'oraison se faisait en commun, une demi-heure matin et soir, et souvent le chemin de la croix. Après la prière, le travail. Humble travail de rapiéçage, de lingerie et de cuisine pour les pauvres qui venaient mendier leur polenta ou que l'on visitait à domicile; et tout en faisant le ménage, une bonne parole, un brin de catéchisme. Quand la *Piccola* se sera développée à Turin et au loin, le fondateur donnera toujours le catéchisme comme livre de chevet à ses religieuses et comme centre pratique d'apostolat. Leur seule présence, du reste, était déjà une prédication, qui n'a fait que se développer. On pourrait

écrire la vie de plus de deux
cents de ces religieuses aujour-
d'hui, et ce serait une élo-
quente hagiographie.

Au soir du 15 novembre
1832, le bon chanoine était
à son confessionnal quand on
vint en hâte l'appeler : « La
Mère se meurt ! « La Mère de
la *Piccola Casa* était, en effet,
subitement appelée par Dieu,
au milieu de son travail, au
début de l'œuvre magnifique
à laquelle, depuis trois ans,
elle s'était dévouée. Elle n'avait
que quarante et un ans. Un cra-
chement de sang était survenu.

QUELQUES INVALIDES DE LA « PICCOLA CASA »

Il n'y eut pas même une parole échangée
entre le père et la fille. Mère Nasi entrait
aux noces éternelles, et sa robe nuptiale
était prête; sa lampe bien garnie éclairait
au loin.

**
* **

Le coup fut sensible à la *Piccola Casa*,
et ne semblait-il pas irréparable ? Mais il
y avait là un cœur capable de supporter les
chocs les plus inattendus, les plus décon-
certants, le cœur fidèle de Cottolengo
Fidélité qui se propage autour de lui, qui
devient, aux plus durs moments, une
vivante prédication, foi, espérance et charité s'exaltant alors au plus magnifique
héroïsme.

Héroïque foi, ou plutôt intense et constante vie de foi, devenue pour le bienheureux une habitude d'esprit, et vie qui se
communique à toute sa *Piccola Casa*. La
vision si proche d'un Dieu, toute Puissance
et tout Amour, fait que, pour lui, tout
murmure, comme tout péché, semblerait
intolérable injustice, toute inquiétude
d'avenir, folie. Avec quelle emphase alors
ne développe-t-il pas les comparaisons
évangéliques du lis et des passereaux!
« Et vous êtes meilleurs que bien des passereaux..... »

Tout chrétien voit Dieu de quelque
manière et reconnaît son omniprésence,
Joseph Cottolengo le voit comme le voyait
saint Joseph : il voit loin, il voit haut, il
aperçoit nettement la main tenant le bout
des choses humaines. Qu'une ombre passe,
que le jour devienne obscur, ce n'est que
l'ombre passagère de la divine et très
douce main. *Provvidenza! O Provvidenza!*

En cette vaste *Piccola Casa*, Cottolengo
est à la fois directeur spirituel et temporel;
il s'est fait économe, infirmier, domestique,
omnibus omnia; cependant, son mot sincè-
rement répété et sous toutes les formes est
toujours : « Que puis-je faire ? Que puis-je
faire de bien dans la *Piccola Casa?* Je ne
suis pas capable d'y assister même un seul
pauvre. Dieu y fait tout. Il saura garder
toute la maison, fût-elle grande comme le
monde..... L'œuvre ne m'appartient pas,
elle est à la divine Providence qui songera
à tout..... A la mort de son manœuvre, elle
saura encore procurer à chacun ce qu'il lui
faut..... Vivez en paix, n'ayez point peur.
Nous sommes tous les fils d'un bon Père,
qui pense plus à nous que nous ne pensons
à lui..... Quelques-uns s'imaginent que c'est
Monsieur un tel ou un tel qui soutient la
Piccola Casa. Qu'on se détrompe, c'est la

divine Providence seule. Elle nous envoie les malades, les aveugles, les épileptiques, les sourds-muets, mais, en même temps, elle nous fournit les moyens de les bien soigner. »

Pas d'impatience ni de mauvaise humeur quand Dieu fait mine d'oublier ses pauvres.

— Mais il n'y a plus ni linge, ni vin, ni bois!

— *Bene, va bene!* Je suis content. Jetez dehors et de suite ce qui pourrait rester encore, car si la Providence a l'intention de nous procurer quelque chose, il faut qu'elle ne trouve absolument rien dans les provisions. Sinon, que ferons-nous de ce qu'elle donnera?..... Nous sommes dans l'angoisse, dans la détresse, raison de plus pour frayer le chemin à une des grandes interventions de la Providence.

Et alors cette parole héroïque : « S'il n'y a plus de lits, acceptons vite de nouveaux malades; si nous manquons de pain et de vin, recueillons les pauvres qui se présenteront. »

Ils s'inclinaient donc, émerveillés devant l'héroïque vision d'au-delà, les quémandeurs ou protecteurs moins surnaturels : tel ce curé de Vigone dont Cottolengo refuse de prendre le protégé.

— Vous aidez et protégez ce pauvre homme ? demande le Bienheureux.

— Oui, c'est une de mes ouailles, je dois en prendre soin.

— *Bene, bene,* reprend le Père en souriant, mais c'est trop de deux Providences. Continuez la vôtre qui est bonne, et moi je garderai la mienne, qui est encore meilleure.

Telle encore une grande dame, envoyant son domestique prier *M. le chanoine Cottolengo* de vouloir bien recueillir un infirme, dont elle viendra lui parler elle-même : « Dites à votre dame que la *Piccola Casa* reçoit seulement les abandonnés, et non pas ceux qui ont des protecteurs parmi les riches. »

Tel encore le roi lui-même. Charles-Albert avait un sens chrétien assez élevé pour comprendre les répugnances de son ami Cottolengo, même pour une simple visite royale à la *Piccola Casa*. « Je n'irai *donc* pas à l'œuvre pie », concluait le roi avec un tact vraiment supérieur. Le sentiment surnaturel s'éveillait chez tous, au contact de cet apôtre de la foi.

Ajouterons-nous, pour achever ce côté de physionomie spirituelle, combien l'homme de Dieu, désireux de n'être qu'un intermédiaire entre le Créateur et les créatures, combien lui-même, ce conducteur d'âmes, se montrait obéissant et souple au moindre bon plaisir de Dieu, manifesté en ses directeurs de conscience ?

L'obéissance au P. Fontana avait décidé de la vocation, au moment où elle semblait pencher vers la vie oratorienne. A la mort du P. Fontana, cette soumission spirituelle fut mise à rude épreuve. Un autre directeur vint, le P. Giro, accepté par le bon chanoine, d'après la recommandation dernière du P. Fontana; mais les deux directeurs

LES SOURDES-MUETTES DE LA « PICCOLA CASA »

successifs ne se ressemblaient guère. Le second était aussi réservé, froid et strict, que son prédécesseur avait été chaleureux et compatissant. Cottolengo, cependant, n'était plus un jeune homme, son expérience spirituelle s'était singulièrement développée à fonder tant d'œuvres diverses; il obéit néanmoins et filialement au représentant, pour lui, du bon plaisir divin. Direction qui n'allait point sans épines.

Que le pauvre Cottolengo, harcelé de toutes façons, arrivât dix minutes en retard pour se confesser : « C'est trop tard, disait le P. Giro, nous ne ferons rien aujourd'hui. Apprenez à être plus exact une autre fois. » Ce confesseur avait son jour et son heure; c'était un homme fort réglé. Il avait de la prudence aussi, et il rappelait à Cottolengo que, supérieur de religieuses, il ne devait pas être leur confesseur. D'où grand émoi à la *Piccola;* mais, malgré l'embarras et les instances de ses Vincentines, Cottolengo ne les confessa plus : « Le P. Giro ne le veut pas, répond-il avec candeur, il faut bien que j'obéisse à mon Ananie. »

En la circonstance, pourtant, cet Ananie n'avait plus affaire à un Saul de Tarse, mais à un autre Paul, à un apôtre de nations, pourrait-on presque dire, à un apôtre de la virginité. Et combien cette fidèle obéissance n'était-elle point apostolique encore, auprès de toute sa maison!

Ce détachement, ce total abandon, montrés par Cottolengo en certaines circonstances plus douloureuses — et la mort de Mère Nasi fut de celles-là, — toutes ces hautes leçons ne furent point perdues. La *Piccola Casa* en donnait récemment un extraordinaire exemple.

Jusqu'au temps de notre grande guerre,

le vaste hôpital *Amedeo di Savoia*, donné par la ville de Turin à l'œuvre de Cottolengo, était demeuré sans contestation aux soins de la *Piccola Casa.* On se rappelle que l'entretien de l'immense établissement, aménagé à la moderne pour les maladies infectieuses, avait semblé aux finances de la ville trop lourd à soutenir; aussi bien, en gens avisés, les conseillers municipaux avaient-ils cédé le tout à la *Divina Provvidenza.* Cette divine Providence intervenait donc, de façon diverse, comme elle le fait chaque jour à travers toute la *Piccola Casa.* Certain jour, cette riche Providence en-

LES « LUIGINI » DE LA « PICCOLA CASA »

voyait, d'une dame défunte, un héritage de deux millions.

La *Piccola Casa* ne s'en émut guère. Elle a vu couler tant de millions auprès de sa porte! Elle a l'habitude de les utiliser au plus tôt pour les pauvres. Cependant, on s'émut ailleurs. La ville de Turin réclama tout à coup non seulement une part de l'héritage, mais l'hôpital en entier. Prétention insoutenable; la cession avait eu lieu en bonne et due forme. La ville insista, voulut plaider et perdit le procès. Dans son dépit, le Conseil municipal prétendit alors urger ses droits d'inspection, de réglementation et de disposition enfin de cet héritage troublant. Mais l'âme de Cottolengo survit toujours en son œuvre, et pour couper court aux récriminations, aux difficultés, à l'inavouable persécution, d'un seul coup, d'un seul geste vraiment héroïque, la *Piccola Casa* a rendu à la ville de Turin et les deux millions et tout l'hôpital *Amedeo di Savoia*.

Pareil geste ne lui a point suffi, à la généreuse fille de la Providence; voici que vers ces mêmes jours, ces jours mauvais de la grande guerre, la *Piccola Casa* met à la disposition de la ville un hôpital nouveau pour les soldats blessés ou malades.

Le geste, d'ailleurs, n'est-il point tout semblable à celui de Cottolengo lui-même, jetant par la fenêtre l'argent qui se trouve encore non dépensé, en fin de journée? « Voici de l'argent qui nous embarrasse, jetons-le dehors..... Pourquoi vous tourmenter au sujet du lendemain? Si vous y pensez, la Providence n'y songera pas. Laissez-la donc faire et ne gâtez point son œuvre. »

XI - L'ascète

Détaché, ce fidèle apôtre le devait être de tout. Détaché de lui-même jusqu'aux fibres les plus sensibles du cœur, celles de la tendresse, celles plus secrètes de l'amour-propre, poursuivies par Cottolengo avec une perspicacité toute surnaturelle.

Détaché de ses aises, cela va de soi ; et l'aspect de constante pauvreté personnelle chez l'humble prêtre montrait déjà une vie toute mortifiée. Cela ne lui a point suffi, et il a poussé tellement loin son ascétisme, ses expériences de vie de plus en plus dure, que, pliant sous la croix de ces austérités volontaires, il semble bien qu'il en soit mort. Sur la montée du Calvaire, est-ce le seul serviteur de Dieu tombé, dirions-nous, avant l'heure ? Mais que nous parlerions mal en jugeant de la sorte l'âme des saints, entièrement abandonnés à Dieu, et les conduites de la Providence à leur égard ! En fait, le détachement de la vie elle-même, mais avec la rayonnante perspective d'un au-delà tout proche, l'acceptation de la mort sont-ils plus difficiles que l'acceptation de tel et tel sacrifice ? N'y a-t-il pas des circonstances où la vie, ici-bas, nous semblerait pire que la mort ?

A ce détachement sacerdotal de Cottolengo, Dieu travaillait de façon directe. Les morts subites autour de lui étaient les coups de ciseau du Sculpteur divin : mort subite de sa mère, celle, bien rapide encore, de son vieux père, mort de Mme Nasi.....

Tendre comme un cœur innocent, et, d'après son propre aveu, l'innocence baptismale de Cottolengo ne fut jamais atteinte, ce cœur aimait avec fidélité, avec élan ; mais il savait se maintenir, se mortifier au plus sensible de lui-même. Deux fois,

ses courts voyages, pour quelque nouvelle fondation, l'amenèrent vers Bra ; il ne s'y arrêta point cependant, pour voir sa famille, et la peine fut grande des deux côtés.

A ses chères religieuses, s'il avait à écrire, c'était toujours en termes brefs, d'une sécheresse voulue. Son frère Albert en était fâché et presque scandalisé : « Pauvres filles ! acccablées comme elles le sont par tant de fatigues, elles mériteraient un ton plus affectueux ! » Mais Cottolengo regardait son frère de certaine façon et lui répliquait : « Ne sais-tu point que, par tempérament, je me sentirais porté à faire comme tu le dis ? Si j'agis autrement, c'est qu'on ne peut jamais être assez en garde contre soi-même. Laisse-moi écrire comme je le fais : cela vaut mieux. »

Délicatesse un peu ombrageuse du cœur innocent. Ses camarades d'école la connaissaient bien jadis, dans les rues de Bra ; à son approche, ils cessaient certaines conversations : « Taisons-nous, celui-là ne sait rien. »

A dix-sept ans, il avait pris l'habit ecclésiastique. Il le conserva toujours, même en vacances. Cela n'altérait point sa communicative gaieté, mais cela aidait à une réserve devenue, chez lui, instinctive. Il avait une manière adroite d'accueillir et d'abréger le baise-main habituel en Italie, à l'égard des prêtres, et tous et toutes devinaient qu'il n'eût toléré aucune familiarité.

Quelle ne fut pas, un jour, la confusion de Sœur Hosannah, toute jeune encore, et assez simplette, pour oser mettre la main sur l'épaule du *Père*..... « Soyez heureuse que je sache la bonté et la simplicité de votre cœur, dit celui-ci d'un ton sévère, sinon je vous aurais congédiée à l'instant. Souvenez-vous, une fois pour toutes, ajouta-t-il en s'éloignant, que je ne veux être touché par personne. »

* *

Plus pénétrant encore, jusqu'à l'intime de lui-même, le détachement de tout amour-propre chez Cottolengo.

A cet égard, la mortification est déjà poussée à l'extrême, à l'étrange, dirait-on, si l'on oubliait les ingénieuses trouvailles des saints pour s'humilier.

De nombreux visiteurs, des personnages souvent, assiégeaient la porte de la *Piccola Casa*. Parfois ils trouvaient alors un singulier cicerone, fort au courant de la maison, mais sobre de paroles et de compliments sur cette œuvre gigantesque, et quand on demandait à la fin d'être présenté au fondateur, le guide répondait évasivement : « Qui sait où il peut bien être. Laissons-le se reposer. Il en a grand besoin, le pauvre vieux ! » Quelquefois le pauvre vieux était découvert malgré lui dans ce guide anonyme et alors bien embarrassé.

On l'a vu recevoir des visiteurs de distinction, en gardant un panier sur la tête. Or, ce panier, il venait juste de le prendre pour la circonstance : « Que voulez-vous ? mes aïeux étaient ainsi : ils portaient la balle. »

Humilité dans la boue. Oui, à genoux dans la boue, il veut faire ses excuses à une Sœur réprimandée par erreur.

Et que penser maintenant de cette humilité en sabots ? Car c'est en sabots que, certain jour, il se présenta au palais royal. Sentinelles et chambellans n'y virent-ils rien, ou le confondit-on avec le menu peuple attendant l'audience ? Le fait est que l'effarement fut grand au retour, chez les Sœurs portières, de voir le Père en pareille tenue. « Qu'est-ce que cela peut faire, répondait-il en riant ? ils ne sont pas vilains, mes sabots, et le roi ne m'en a fait aucun reproche. »

Humilité sage par ailleurs. Cottolengo ne veut que des habits pauvres, mais très propres ; il faut une certaine limite au rapiéçage, sur les épaules d'un prêtre. Désordre et négligence ne sont jamais de mise en la tenue sacerdotale.

La chambre du chanoine présente néanmoins un désordre presque voulu. Combien de grands hommes sont ainsi et ne se reconnaîtraient plus chez eux, quand une main diligente y aurait mis de la symétrie ou passé le plumeau ! Cependant, chez Cottolengo, si désireux par ailleurs de propreté et de tenue, dès qu'il s'agit de culte ou d'hygiène, chez ce pauvre volontaire, il y a une pensée supérieure en cette humiliation du logis, comme en toute son allure.

Ne semble-t-il pas d'ordinaire insouciant, désœuvré, n'ayant rien à faire qu'à s'amuser avec des enfants ou plaisanter avec un pauvre ? A l'entendre, il ne serait bon qu'à cela : faire rire, faire une partie, vider une bouteille..... Il est tellement propre à rien et idiot.....

N'avons-nous pas ainsi du Haut moyen âge certains écrits fort appréciés, dont l'auteur n'a voulu être connu que sous le nom de l'*Idiot?* et nous disons *le savant Idiot*. L'esprit chrétien du moyen âge n'est donc pas évanoui.

Bien qu'il se prétende inutile, Cottolengo veut être « l'homme de peine » ; il le prouve en cherchant à rendre les services les plus répugnants dès qu'il le peut. Puis il va servir le maçon, le menuisier, tous les ouvriers de la maison. Il tire l'eau du puits, lave les vitres, balaye les chambres, il range le bûcher et porte les charges, il soulève les malades et fait les lits, il chausse les idiots en les faisant bien rire.

« C'est le plus grand pauvre de Turin », disait le prieur de Cambiano. Mais une humble Sœur voyait plus juste encore, quand Dieu lui montrait Cottolengo sous la figure d'un petit enfant s'abandonnant aux bras de sa mère. Il fallait savoir, par ailleurs — on l'apprenait vite à son contact, — que sous cet aspect volontairement abaissé, se voilait un esprit fin et très sagace, un savoir étendu, une culture vraiment distinguée.

Chez lui, comme chez certains fondateurs d'Ordres plus austères, plus près des Pères du désert, le mépris de l'honneur mondain allait jusqu'au détachement de toute vanité intellectuelle. Le catéchisme, la vie des saints, la *Perfection chrétienne* de Rodriguez, ses Vincentines ne connaissent guère d'autres livres : « Que de gens perdus par trop de savoir ! » disait leur Père. Il faisait écho ainsi à un saint illustre, éloquent et lettré, le plus grand homme du XIIᵉ siècle, et si dédaigneux pourtant de la gloire littéraire, « la paille de la gloire », disait saint Bernard.

Assurément, le très sage directeur qui parlait de la sorte à des servantes de pauvres avait pour ses autres familles d'autres conseils et d'autres règlements. Il voulait, par exemple, pour ses prêtres et séminaristes, un large et solide savoir, pour les infirmières et pharmaciennes, la science de leur art et la dextérité; enfin, il conduisait chaque famille vers son degré spécial de perfection, sans qu'elle ambitionnât un éclat inutile et dangereux.

Mais quand il le fallait, quand des vocations plus exposées devaient être affermies par la base, alors il travaillait plus avant parmi ces spécialistes de l'humilité. On se rappelle le terrible noviciat d'humiliations vaillamment, joyeusement accepté par douze jeunes Sœurs, en 1834. Cottolengo ne craignait pas qu'on les trouvât ridicules en leur étrange affublement. Elles rentraient de leur Messe lointaine, à travers les quolibets de la foule et les rebuffades des sacristains, agacés d'être dérangés chaque matin par la Communion de cette

mascarade, et leur Père demandait : « Vous avez fait une bonne cueillette, ce matin? »

— Oui, oui, un nouveau sobriquet, un nouveau titre, plus drôle, plus ridicule que celui d'hier ! répondaient en riant les courageuses jeunes filles.

Avec les jeunes gens, qu'il groupait, en 1839, pour en faire des ermites, à la façon des *Chartreux* et des *Camaldules*, il essayait de retrouver les pratiques des *Humiliés* de jadis. Barbe inculte, vêtement singulier pour ne pas dire grotesque, ils devaient,

LA MAISON MORTUAIRE
DU BIENHEUREUX COTTOLENGO, A CHIERI

ces anachorètes modernes, renoncer totalement à l'honneur mondain.

A part le choix des moyens, qui diffèrent selon les vocations, tout cela n'est-il pas dans l'esprit d'une règle, bien moderne celle-là, et qui a fait ses preuves, la règle onzième de la Compagnie de Jésus. D'après cette règle fameuse, le religieux — un religieux cultivé et mêlé au monde comme l'est un Père Jésuite — doit avoir en horreur tout ce que le monde honore, afin de se revêtir des livrées de Jésus-Christ, désirer être regardé et traité comme un insensé, sans toutefois en avoir donné raison.

On devine que pareille spiritualité n'allait point sans contradicteurs, comme du reste toute l'œuvre de la *Piccola Casa*.

Dieu ménageait ainsi de plus sensibles humiliations au serviteur déjà si humble pourtant. Son frère Albert, le Dominicain, ne cachait point son mécontentement. De même que ses proches, les chanoines ses collègues ne lui ménageaient point, au début, les procédés désobligeants. N'avait-on pas toujours quelque faillite à craindre, et quelque déconsidération aussi de ce collègue compromettant? Humiliation d'autant plus pénétrante que, parmi ces chanoines, fils de la capitale, il n'était en somme qu'un étranger, un provincial, venu ou parvenu de Bra.....

*
* *

De l'intérieur, l'esprit ascétique devait rejaillir sur l'extérieur, et la mortification corporelle de Cottolengo était grande. Autour de lui, l'exemple se propagea, et n'oublions pas que son exemple, son expérience personnelle, poussée Dieu sait comme, étaient à la base des règles austères par lui proposées. Formidable essai de la vie érémitique, étonnante inspiration de transformer une maison de convalescentes en un Carmel rigoureux, renouveau de la Trappe, stricte réclusion des Filles du Suffrage et de celles de la Suprême Pitié, n'allons point croire que ces règlements aient été formulés de loin et jetés sur le papier, sans prendre garde aux pauvres créatures humaines qui allaient les porter en leur chair, en leur âme, en toute leur existence solitaire, murée, abstinente et flagellée.

Cottolengo avait pu s'inspirer des livres, des hagiographes, des règles monastiques déjà vécues et partant acceptables. Néanmoins, le prudent directeur ne se contentait point de l'expérience d'autrui. Chacune de ces austères disciplines, qu'on aurait pu croire destinées à un autre âge, aux tempéraments de la primitive Église, chaque pratique des cloîtres les plus effrayants, il voulut en essayer sur lui-même la possibilité et non point seulement une heure, par une expérience en passant, mais par un usage suivi, de façon à établir une règle pratique et viable.

Ces règlements vivent aujourd'hui, ainsi que vivent du reste et demeurent florissantes non seulement les plus austères règles, mais les santés elles-mêmes, en tant de cloîtres joyeux et chantants, de la Trappe à la Chartreuse ou au Carmel. Le fait existe : la vie dure est une vie saine. Et qu'est-il besoin désormais d'en appeler aux cloîtres, toujours un peu lointains? Parmi nous, depuis 1914, depuis la grande guerre, que de préjugés disparus relativement à l'hygiène et à l'alimentation! L'étonnante robustesse de nos *poilus* ou de nos *bluets*, la santé trouvée ou retrouvée loin du confort de la vie bourgeoise, dans le froid et la faim, même dans la boue de la tranchée, est un fait encore. Médecins et moines préconisaient la vie dure comme moyen de santé. La guerre en a donné une démonstration éclatante, même parmi des tempéraments anémiés, dorlotés, qu'enrhumait un courant d'air, que démontait une viande mal cuite, et qui, soudain, obligés de faire effort, se sont découvert des ressources insoupçonnées. Qui se doutait, en effet, avant les terribles expériences de la guerre, de quels efforts nous étions capables, et avec quels excellents résultats immédiats?

On s'étonnera donc moins aujourd'hui des expériences tentées par Cottolengo sur lui-même et des régimes par lui imposés ensuite à ses cloîtres de pénitents. On n'en admirera pas moins l'effort, entièrement volontaire celui-là.

Ni viande, ni œufs, ni poisson aux Carmélites de Cavoretto. Mais cela n'est point chose nouvelle en l'Eglise de Dieu. Que de cloîtres supportent sans difficulté ce régime végétarien prôné par tant d'hygiénistes! Dès son début, le cloître de Cavoretto vit les santés se remettre et s'épanouir à ce régime, et la communauté ne se composait d'abord que de convalescentes, venues là pour se reposer.

Sous un régime analogue, vécurent tout d'abord les prêtres de la *Piccola Casa*, ceux qui forment la famille de la Très Sainte-Trinité. Plus tard, leur règlement mitigea sa rigueur. Pour ces ouvriers d'âmes, fort actifs en la Grande Maison, l'abstinence a encore lieu trois jours par semaine, et le Carême en entier. Un petit déjeuner le matin, et un seul repas au coucher du soleil, voilà le régime quotidien.

CHIERI — LA CHAMBRE MORTUAIRE DU BIENHEUREUX COTTOLENGO

Cottolengo l'avait expérimenté. Il ne prenait le matin qu'une simple tasse de café noir sans plus, café qui devint tisane de raves, pendant ses quatre dernières années. A l'unique repas du soir, il se contentait d'une soupe maigre, d'un plat d'herbes ou d'une salade. Parfois il dînait d'une orange et de deux sardines.

Sur le port de Naples, les lazzaroni déjeunent, dit-on, d'une cigarette, dînent d'une orange et soupent d'une figue. Chez Cottolengo, le menu était parfois tout pareil, la cigarette en moins.

Ce n'est point qu'il ignorât l'usage du tabac, il était même priseur, depuis le temps de Bra, et par ordonnance du médecin. Habitude difficile à dépouiller, on le sait. L'austère chanoine voulut s'en défaire pourtant. Il y réussit, remplaçant peu à peu le tabac par un mélange de qualité inférieure, puis le mélange se fit de plus en plus mauvais et enfin assez répugnant pour que se calmât la démangeaison de la tabatière. Quand cette tabatière ne contint plus que du son, la tyrannique habitude était partie. La tabatière s'en alla de même.

On connut, vers les dernières années, quelques secrets de cet austère vouloir, de cette extrême mortification où discipline et cilice et chaîne de fer avaient leur place réglée. Jamais de feu, et l'hiver est rude à Turin, jeûne continuel, ce jeûne commencé, dès son adolescence, chaque samedi, puis étendu au mercredi, et enfin à la semaine entière. Quand, aux derniers jours, le docteur voulut prescrire du bouillon : « Il y a des années que je n'en prends plus », murmura Cottolengo.

En réalité, d'après la déposition de témoins graves, le bienheureux en était arrivé à souffrir de la faim, et parfois il s'essayait à tromper ce besoin en mâchant du papier : « Pour calmer l'irritation de mes dents », disait-il; et comme on semblait incrédule : « Je mâche du papier, parce que j'ai faim », avouait-il. On s'empressait alors de chercher quelque nourriture. « Non, non, reprenait le chanoine, ne vous donnez pas cette peine, il ne convient pas que l'âne mange en dehors de l'étable. »

Des amis plus intimes, le voyant maigrir et changer de visage, le suppliaient de se ménager quelque peu. « Je suis d'un tempérament sanguin, répliquait-il, je dois châtier ce méchant corps, je dois serrer le frein. »

Le tempérament sanguin malmené ajouta bientôt de nouvelles épreuves. Migraines et tumeurs se déclarèrent. Compromise par manque de nourriture, la constitution ne résistait plus. Les jambes enflèrent. On connut alors, ce que plusieurs savaient déjà, les privations de sommeil que s'imposait le Bienheureux. L'oraison, souvent prolongée jusqu'à minuit, recommençait avant 4 heures du matin, nuit plus

PLAQUE MORTUAIRE DU BIENHEUREUX COTTOLENGO
ÉRIGÉE AU NOM DU PEUPLE DE CHIERI

écourtée que celle d'un Trappiste, mais on sut alors comment se passait le court sommeil, tout habillé, sur un canapé ou un fauteuil. Durant les quatre dernières années, Cottolengo n'avait plus de lit.

**

Un lit cependant avait été mis par lui en dépôt, chez son frère, à Chieri. Il y avait douze ans de cela. Singulier dépôt, dont l'unique usage semble avoir été prévu par celui qui prédisait alors diverses choses, réalisées par la suite, autour de la *Piccola Casa*.

Néanmoins, il n'avait rien prédit, quand il quitta Turin pour le dernier voyage, mais ceux qui le virent au départ prévoyaient quelque chose à l'air défait du pauvre voyageur. Les jambes enflées refusaient leur service. « L'âne ne veut plus marcher ! » disait encore en souriant le *bon chanoine*.

Bon jusqu'au moment suprême, sur le chemin de Chieri, il veut visiter encore en passant ses chères solitudes du Suffrage et de Cavoretto, à Gassino, les Thaïdines, et sa dernière bénédiction fut pour ses Ermites de Saint-Romuald. Arrivé à Chieri, à bout de forces, il se souvient pourtant que ses Ermites n'auront pas de Messe le dimanche suivant, et il fait porter les trente francs qui lui restent au couvent des Récollets, afin que ces religieux prennent soin de l'Ermitage, ce dimanche-là.

Puis, ayant pensé aux solitudes par lui fondées, Cottolengo s'enferme lui-même en une complète réclusion. Solitude de trois jours d'abord, où personne autre que son frère ne le verra plus, où tous les souvenirs de la terre et même tous les soucis de la *Piccola Casa* seront écartés. L'âme très détachée veut s'affiner encore en une souffrance toute pure, en un abandon absolu à son Créateur. « Paradis ! Paradis ! » répète doucement le pauvre malade qui a peine à respirer. « Oh ! que Dieu est bon ! dit-il à son frère Louis. Quelle miséricorde ! Remercions-le ensemble. » Et ensemble ils récitent le *Te Deum*.

— Ne t'inquiète pas à mon sujet..... Je ne suis que trop bien..... Depuis quatre ans, je ne m'étais pas couché..... Je ne veux causer aucun dérangement. Prends-moi en patience..... Durant trois jours, je me servirai tout seul, et tu ne laisseras entrer personne.....

— Mais, le médecin ?

— Non, de trois jours ce n'est pas nécessaire. Ensuite, le médecin des pauvres ; celui de la *Piccola Casa* viendra, et je n'en veux pas d'autre. En attendant, nous passerons ces trois jours dans la solitude, le silence, la prière, et toi seul tu seras mon infirmier.

Après ces trois jours d'une telle préparation à la mort, la porte du Bienheureux s'entr'ouvrit aux plus intimes amis. « Laissez faire la Providence », murmurait-il encore. Et quand le délire survenait, il était tout de pensées spirituelles et d'exhortations, naturellement exhalées d'une âme si remplie de Dieu.

Avec simplicité, le vieil ami, Dr Granetti, annonça que l'heure est venue des derniers sacrements. « Oh ! quelle grâce !..... Combien je les recevrai volontiers !..... Marie, ma Mère, je suis vôtre..... Me voici..... *Paradiso ! Paradiso !* »

Il parla encore de la *Divina Provvidenza*, puis, fermant les yeux, il sembla reposer tranquille. Vers 8 heures du soir, sans aucune contraction de visage, on l'entendit murmurer encore..... *in domum Domini ibimus*, et dans le sourire de ces bienheureuses paroles, il expira.

C'était le 30 avril 1842.

La funèbre nouvelle, apportée en hâte par le Dr Granetti, parvint à la *Piccola Casa* vers 11 heures du soir. Ce furent aussitôt par toute la maison un tel émoi, de tels sanglots et de tels cris, que, dans la rue, les passants, inquiets, allèrent prévenir un corps de garde.

Les sourdes-muettes, en particulier, montraient une détresse plus navrante. A toute la maison le *Père* allait manquer, mais surtout aux plus abandonnés, aux plus difficiles à comprendre. Cependant, on se souvint que Cottolengo avait dit : « A peine arrivé au ciel, où l'on peut tout, je vous serai d'un plus grand secours. Je m'attacherai au manteau de la Madone, toujours j'aurai le regard sur vous, toujours je demeurerai votre Père. »

Promesse magnifiquement réalisée, car la prospérité de la *Piccola Casa* ne cessa de se développer depuis lors, depuis que la *Divina Provvidenza* relevait de son poste cette *sentinelle*, ce *manœuvre* d'un jour, comme le fondateur se désignait lui-même. L'humble parole jadis dite au roi fut reprise avec un glorieux commentaire par S. S. le Pape Benoît XV.

A 4 heures du matin, le Dr Granetti, dont la douloureuse émotion semblait oublier la fatigue et même l'étiquette, se présentait au palais du roi. La nouvelle qu'il apportait le fit recevoir aussitôt, et Charles-Albert de s'écrier : « J'ai perdu un ami, un grand ami ! »

Ce fut l'impression générale à Turin, où les cœurs les moins sympathiques jusque-là à l'œuvre de Cottolengo furent émus et gagnés. Les chanoines du *Corpus Domini* avaient réclamé le corps, mais la divine Providence le réservait à la *Piccola Casa*.

XII — La gloire de Dieu

La gloire de Dieu, celle que lui procurent ses serviteurs fidèles et celle que le Maître leur rend, pour être distinctes tout d'abord, doivent néanmoins se rejoindre là-haut : la gloire alors rendue, excédant de toute sa supériorité divine celle qui fut offerte ici-bas dans le travail, le sacrifice, l'humiliation personnelle. Mais, dès ce monde, Dieu glorifie les humbles. Il en charge son Église, la plus merveilleuse conservatrice de gloire qui soit, elle qui fait chaque jour proclamer à voix de héraut en son martyrologe les lointains serviteurs de Dieu, contemporains de gloires humaines bien inaperçues aujourd'hui. L'Église veut qu'on célèbre leurs anniversaires, qu'on chante des hymnes en leur honneur et qu'on répète, en des panégyriques, leur histoire inoubliée.

De plus, un rayon de cette gloire supérieure, réservée à la région surnaturelle, est parfois directement, visiblement détaché vers nous par le Dieu tout-puissant. Il manifeste la gloire de son serviteur par quelque intervention surpassant, à coup sûr, les forces naturelles. Et cette signature du miracle, l'Église l'attend pour se déclarer en la cause de ses saints.

En 1916, le procès pour la béatification du vénérable Cottolengo a retenu deux faits. Ce sont deux guérisons de maladies organiques très graves, guérisons obtenues avec une rapidité et une perfection déclarées impossibles à la nature, d'après un examen scientifique approfondi, mais guérisons produites après des prières adressées à Dieu par l'intercession du vénérable Cottolengo. En retenant ces deux cas seulement, les actes de la béatification ajoutent qu'on eût pu en citer d'autres encore.

« Des divers faits considérés comme miraculeux, déclarait au 1er septembre 1916 la Sacrée Congrégation des Rites, deux guérisons furent choisies comme reconnues plus aptes à établir la certitude que demandent les lois de ce tribunal sacré, surtout s'il s'agit de miracles. Or, il s'agit, en l'espèce, de maladies déclarées organiques au soulagement desquelles fut invoquée, auprès de Dieu, l'intercession de son fidèle serviteur, le vénérable Cottolengo. Ces maladies en un instant disparurent, et les organes lésés jusque-là, anatomiquement et pathologiquement, en leur réalité matérielle, furent complètement ramenés à leur état normal d'intégrité physiologique.

» Mais cela n'arriva point par des forces naturelles et cela ne peut jamais arriver ainsi, comme en témoignent, pour l'une et l'autre guérison, les attestations de trois hommes distingués, habiles praticiens; la chose, du reste, était facile à constater, et l'évidence s'imposait d'elle-même. Les deux cas retenus et constatés sont, le premier, la guérison instantanée et complète de Maria Liberata Rè, probande à la *Piccola Casa*, atteinte de cistite très grave et d'infection mortelle par résorption des éléments urinaires. Le second cas est aussi une guérison instantanée et complète, celle de Sœur Maria Addolorata, atteinte de cirrhose biliaire.

Maria Liberata fut guérie le 30 avril 1866, et Maria Addolorata pendant la nuit du 2 au 3 mai 1909. Le vénérable Cottolengo était apparu à cette religieuse Thaïdine.

« Vous savez, fils bien-aimés, disait « S. S. le Pape Benoît XV à l'audience du » 13 août 1916, où les fils de Cottolengo

» venaient remercier le Saint-Père, vous
» savez que des prodiges, reconnus authen-
» tiques par l'Église, eurent pour sujet
» deux membres de la grande famille de
» Cottolengo. Vous savez que le lieu for-
» tuné de ces miracles fut la *Piccola Casa*
» *della divina Provvidenza*, et nul n'ignore,
» parmi vous, que Dieu a voulu les faire
» annoncer par Cottolengo lui-même, non
» pas de façon vague, mais avec les marques
» d'une vraie prophétie. On sait encore
» que Dieu les fit demander non seule-
» ment par ces deux personnes, mais par
» le nombreux essaim de leurs Sœurs,
» habituées à mettre leur confiance en
» Dieu seul.

» Vous n'avez certainement pas oublié
» la circonstance de temps où ces deux
» prodiges eurent lieu : l'un au jour anni-
» versaire de la mort de Cottolengo, l'autre
» quand, depuis cet anniversaire, le soleil
» n'avait pas encore deux fois illuminé la
» terre. L'ensemble de ces circonstances
» de temps, de lieu, de personne, ne nous
» indique-t-il pas, fils bien-aimés, que le
» Seigneur dirigeait l'œuvre de sa main
» pour mettre en un beau relief la figure
» de Joseph-Benoît Cottolengo.

» Nous devons déclarer que c'est l'œuvre
» de Dieu. *A Domino factum est istud*,
» faut-il dire relativement à la guérison
» de Maria Liberata Re, parce qu'aucun
» pouvoir humain, mais Dieu seul pouvait
» l'opérer, instantanée et complète, en fa-
» veur de la pieuse probande qui, le soir
» même avant le miracle, avait été déclarée
» en agonie. *A Domino factum est istud*,
» devons-nous répéter de même, relative-
» ment à la guérison plus récente de Sœur
» Maria Addolorata. En effet, la guérison
» de son infirmité, dont les médecins dé-
» clarent « l'issue toujours fatale », qui
» donc, si ce n'est Dieu seul, pouvait
» la procurer avec une telle perfection,
» qu'aujourd'hui encore, cette religieuse
» Thaïdine, maintenant septuagénaire, dé-

» montre combien sa guérison fut instan-
» tanée, complète et durable ? »

**

On a remarqué, dans le décret de la
Congrégation des Rites, la mention d'autres
faits prodigieux, qui eussent pu servir directement à la cause. L'une des plus remarquables faveurs fut accordée au successeur
même de Cottolengo, au P. Anglesio.

Celui-ci gouvernait, depuis quatorze ans
déjà, l'œuvre de plus en plus développée,
quand, en 1856, Dieu sembla l'appeler,
lui aussi, au repos et à la récompense. La
Piccola Casa n'avait gardé que douze ans
son premier fondateur.

Condamné par les médecins, muni des
derniers sacrements, le moribond glissait
rapidement vers son éternité. Autour du
lit, une dizaine de personnes priaient.
Cependant, une humble Sœur, de cette
très humble famille de lessiveuses, dédiée
à sainte Eliane, avait un singulier et per-
sévérant espoir. D'après cette simple d'esprit, le supérieur ne mourra pas encore.
Elle tient ce secret, dit-elle, de la Reine
des anges. « Cette grâce vous sera accordée,
aurait promis la Vierge en souriant, mais
par le moyen de Cottolengo. » Et la Sœur
déclarait avoir vu Cottolengo lui-même,
avec saint Vincent de Paul, saint Louis de
Gonzague et sainte Eliane, priant Notre-
Dame en faveur du P. Anglesio.

La visionnaire est mal reçue tout d'abord.
On s'irrite contre la pauvre fille et son
manque de discrétion. Néanmoins, un des
assistants a pris au mur une image de
Cottolengo et demande à l'évêque de Mondovi, présent à ces tristes prières, de bénir
l'agonisant. « Seigneur, nous vous prions
de glorifier votre serviteur, le chanoine
Joseph Cottolengo », dit l'évêque ; et tout
le monde, à genoux, récite le *Pater*, l'*Ave*
et le *Gloria*. Le malade cependant respire
encore, des crises le reprennent même
avec violence jusqu'au milieu de la nuit ;

alors il ouvre les yeux et reconnaît les assistants. Au jour suivant, les trois médecins stupéfaits déclarent tout danger écarté, et le P. Anglesio est non seulement convalescent, mais il peut reprendre déjà le gouvernement de la *Piccola Casa*.

Un rapport authentique du fait fut rédigé par l'ordre du supérieur, et, en souvenir de cette guérison merveilleuse, il fonda un nouveau monastère de Thaïdines, dédié à saint Joseph, patron du serviteur de Dieu.

Comme le supérieur, voici une religieuse gravement malade et qui sera plus tard, néanmoins, maîtresse des novices en parfaite et robuste santé.

Une plaie s'est formée au pied, et lentement, cruellement, s'est envenimée au point que l'amputation est maintenant urgente. Cependant, la veille de l'opération, on a recours à Cottolengo. Heureuse inspiration ! Quand les chirurgiens voulurent délier les bandes qui retenaient le pied en décomposition, l'horrible odeur, insoutenable jusque-là, avait disparu, il n'y avait plus de douleur, et le membre apparut entièrement reconstitué.

Une autre Sœur, une Vincentine, est atteinte à l'estomac de telle façon que les remèdes ne font qu'augmenter le mal. Mais la religieuse a hérité de la foi de son Père, elle fait une neuvaine à la tombe paternelle et sa foi se trouve récompensée par une complète guérison.

La puissance du serviteur de Dieu ne s'arrêtait point à ses seuls fidèles, aux enfants de la *Piccola Casa*. N'est-ce point vers les plus abandonnés que Cottolengo s'était incliné de préférence ?

Abandonné des médecins et des hommes et de Dieu, semblait être ce soldat admis, en 1871, à l'hôpital pour y mourir.

Il n'a plus rien à espérer, croirait-on, ni en ce monde ni en l'autre. Ce misérable paye les désordres de toute sa vie. Une infernale fureur le surexcite contre toutes les choses religieuses. Il veut se jeter sur le crucifix. On devine la désolation des Sœurs, autour de l'affreux moribond ; et ce n'est plus qu'une question d'heures, a dit le médecin.

Une religieuse navrée s'est enfuie en sa chambre, et, tombant à genoux, les bras en croix, devant une image de Cottolengo : « Père Cottolengo, dit-elle, je vous en conjure, donnez-moi cette âme, par amour pour Marie. » A peine a-t-elle achevé trois *Pater* et le *Salve Regina*, qu'on vient la chercher en hâte : « Ma Mère, ce pauvre soldat veut vous parler. »

STATUE DU BIENHEUREUX COTTOLENGO
A LA « PICCOLA CASA »

Que voulait-il maintenant à son infirmière, scandalisée, injuriée, tout à l'heure ? « *Per carità*, trouvez-moi un prêtre, je veux me confesser. »

Le lendemain, sur sa croix expiatrice, le nouveau larron mourait en prédestiné.

Autour de la tombe du serviteur de Dieu, depuis longtemps la reconnaissance aurait voulu s'exprimer par des *ex-voto*. La prudence de l'Église s'y opposait alors. Mais l'histoire est intéressante de la première peut-être de ces offrandes votives, apportée par une reconnaissance qui n'hésitait point, et que le P. Anglesio dut contenir cependant.

Pouvait-il hésiter en sa foi et sa gratitude, ce vieux soldat, un artilleur, dont la fille était à la *Piccola Casa*, et qui, un soir d'été, allant se baigner, au canal de la *Fucina*, fut entraîné par l'eau rapide ? L'homme a perdu pied, il se sent emporté, sans que personne lui vienne à l'aide. Alors, il pense au bienfaiteur de sa fille : « Père Cottolengo, si vous êtes le saint qu'on proclame, prouvez-le en venant à mon secours, je me noie, je me noie..... » Or, à ce moment, raconte-t-il — et il avait voulu qu'un tableau en témoignât, — un prêtre vient à lui, un prêtre environné de lumières et qui le prend par le bras, l'amène sur la rive, puis disparaît aussitôt. Mais le souvenir reconnaissant ne pouvait disparaître de la sorte, et le P. Anglesio en reçut la confidence émue, dont il dut modérer les généreux témoignages, par crainte de culte public : le procès canonique n'avait pas encore eu lieu.

****

Dans la rue spécialement bénie du ciel et qui porte le nom de Cottolengo, deux grandes œuvres, on le sait, voisinent et fleurissent de façon différente, sous un même regard de la très diverse Providence : la *Piccola Casa* et l'œuvre *Salésienne*,

Cottolengo et dom Bosco. Or, cet autre fondateur, à la renommée mondiale, racontait lui-même une frappante prédiction, celle que lui avait faite sur son avenir le *bon chanoine*, alors déjà vieux.

« Tandis que j'étais étudiant ecclésiastique, rapporte dom Bosco, j'accompagnai à la *Piccola Casa* un prêtre désireux de parler au Vénérable. Celui-ci écoute et répond, puis, se tournant de mon côté, il me regarde et me dit en souriant : « Tu es bien jeune, moi, je ne le suis plus. » Son regard me fixe longuement et, se rapprochant de moi, il prend un coin de ma soutane, qu'il froisse entre ses doigts : « Vois, mon enfant, ce drap est trop fin, beaucoup trop fin ; toutefois, il peut te servir encore. Mais, quand tu seras prêtre, souviens-toi d'en prendre un autre plus fort et plus durable. Tu auras alors une foule de gens autour de toi. Ils te tireront de côté et d'autre, et si ta soutane n'est pas assez forte, tu devras bientôt la porter toute déchirée. »

En ce temps-là, et pendant des années encore, le jeune dom Bosco ne comprit rien à ce singulier avis. Plus tard, quand, à son tour, il se trouva père d'une nombreuse famille, grandissante et turbulente aussi, alors il admira la vue précise du serviteur de Dieu, et aujourd'hui, quand, dans la rue Cottolengo, on a dépassé la *Piccola Casa*, on entend bientôt bourdonner une autre ruche. Par la porte aisément ouverte de l'œuvre salésienne, on voit d'humbles soutanes circuler parmi des essaims d'enfants. Essaims qui pourraient être terribles, mais dont toutes les violences arrivent merveilleusement à s'assagir au contact des fils de dom Bosco. Néanmoins, le drap de leurs soutanes doit être robuste tout d'abord.

S'étonnera-t-on qu'à la façon des plus grands saints, Cottolengo lût avec Dieu dans l'avenir ? Une pensée si unie à la pensée divine qui devinait, par delà l'envers des choses, la réelle broderie tissée au-dessus, pouvait bien être admise à contempler parfois le dessin même préparé par la divine Providence.

Aussi bien Cottolengo lisait-il souvent dans les cœurs, pour la plus grande consolation de ses enfants. Un religieux, une Sœur, passait, l'air préoccupé ; le Père demandait la cause de ce trouble, trouble parfois difficile à préciser. Alors le directeur lui-même sauvait de l'embarrassante réponse : « N'avez-vous pas commis telle faute ?..... Oui, oui, vous avez pensé à ceci, vous vous êtes préoccupé de cela, voilà le fond de ce petit nuage..... A quoi pensiez-vous ce matin, à telle heure ? N'y a-t-il pas eu véritable négligence ? »

Un jour qu'il avait entendu la confession d'une Visitandine dans un couvent de Turin, où il venait comme

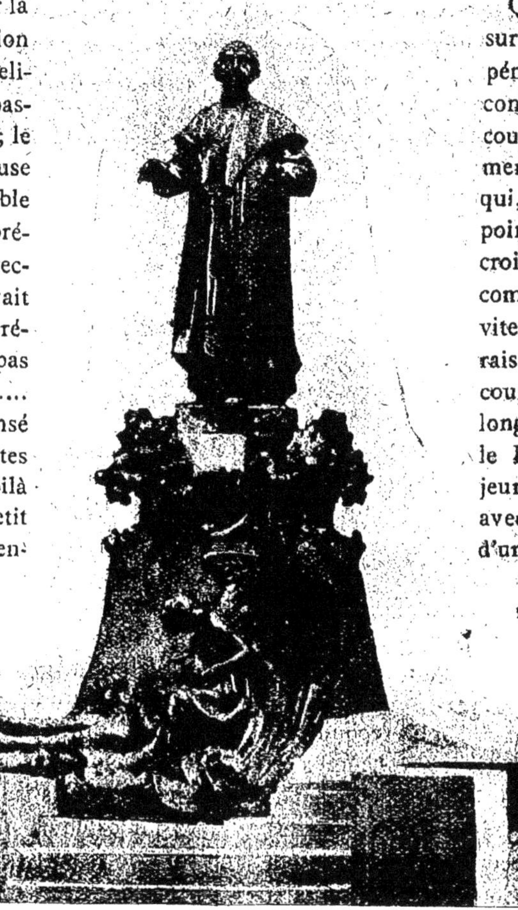

MONUMENT ÉLEVÉ AU BIENHEUREUX COTTOLENGO
SUR LA PLACE DE BRA

seigné par les rapports trop intimes de leur confident habituel. Mais celui-ci de protester : « Soyez certains, affirmait-il, que jamais je ne lui ai rien dit de ce que vous m'avez confié. Mais restez convaincus qu'il lit en vos cœurs, comme vous en vos livres. »

Quand un regard surnaturel peut ainsi pénétrer l'intime des consciences, quel secours aux âmes tourmentées, anxieuses, qui, ne se comprenant point elles-mêmes, se croient toujours incomprises ! « Le serviteur de Dieu ne raisonnait pas beaucoup, il ne parlait pas longuement, raconte le P. Biandra, alors jeune avocat aux prises avec les perplexités d'une vocation difficile, mais les quelques mots qu'il m'adressait suffisaient pour me calmer et me conduire. En un mot, pour tout dire, le plus grand des miracles opérés par l'homme de Dieu est ce qu'il a fait de moi. »

confesseur extraordinaire, il dit à la religieuse : « Maintenant, ma fille, accusez-vous de tel manquement dont vous n'avez point parlé. Sans doute, l'aveu n'en est point indispensable, mais il a son importance pour une religieuse. »

Cette pénétration spirituelle allait si avant que des jeunes gens crurent Cottolengo ren-

Sur les scrupuleux, en particulier, l'ascendant de Cottolengo était décisif, et sait-on assez combien cette maladie de l'âme est tenace d'ordinaire, même auprès des plus habiles directeurs et des plus saints !

***

Lumière d'en haut, elle éclairait glorieusement parfois la prière du Bienheureux. La prière de Cottolengo, devenue *laus perennis* de tout un peuple! ne s'attend-on point à la voir dans une joie continuelle, comme elle s'est maintenue jusqu'à nous en une continuelle ferveur? Pareille illusion supposerait que l'on connaît peu les ordinaires chemins de la vie d'oraison. Si quelque prière mérita jamais d'être consolée et tout de suite exaucée, ne fût-ce pas celle qui se répétait pendant trois heures, toujours la même, sous les oliviers du Jardin d'agonie, et qui peinait jusqu'à la sueur de sang ?

« *Eloï! Eloï! lamma sabbactani ?* ce cri d'angoisse de la dernière prière du Sauveur fut souvent et très souvent celui d'une laborieuse oraison chez Cottolengo. Cependant, malgré l'extrême humilité de son âme, la lumière de certaines heures célestes a rayonné, et le secret en fut dévoilé, sous la foi du serment, dans le procès canonique, par les plus intimes témoins du Bienheureux : « Je l'ai vu, dit l'un d'eux, en de fréquentes extases jusqu'au jour où je quittai la *Piccola Casa* pour m'en aller en d'autres maisons, hors de Turin. »

Un de ces faits nettement caractérisé est de 1836, quelques jours avant l'Ascension. Des visiteurs demandent le Père, on va le chercher à sa chambre, il ne répond pas; on entr'ouvre la porte: le Bienheureux est en extase, les yeux fixés sur une image de Marie.

Vers la même époque, d'après le témoin oculaire, on voit Cottolengo à genoux et soulevé en son ravissement.

Un soir d'octobre de cette même année 1836, le Père, rentrant un peu tard à travers le Valdocco, est assailli par deux malandrins qui l'ont guetté et attendu..... Il y a tant de vengeances à assouvir, de la part de ces gens-là, contre le fondateur du Refuge et des Thaïdines! Le Père rentre à la *Piccola Casa* tellement pâle et défiguré que Sœur Crescentine, à la porte, se doute de quelque chose, surtout quand, contrai-

rement à toutes ses habitudes, il demande une tasse de café. Puis le Père monte péniblement jusqu'à la chambre, au-dessus de la porterie.

La Sœur, cependant, qui n'entend plus aucun bruit, a peur de quelque fâcheux événement. Elle monte, frappe discrètement à la porte, et, ne recevant aucune réponse, se décide à ouvrir. Mais le serviteur de Dieu est en prières, les bras étendus devant Notre-Dame du Rosaire, soulevé de terre et le visage en feu. Sœur Crescentine reste là, stupéfaite, pendant quelques minutes; elle se retire ensuite toute confuse; elle revient. L'extase continuait encore.

Un peu plus tard, le Père est redescendu pour faire une tournée d'hôpital réciter le chapelet avec ses chers malades. Sœur Crescentine, en toute candeur, lui avoue alors son indiscrétion, mais Cottolengo prend un air grave: « Gardez-vous bien de répéter un mot de cela, dit-il à la religieuse, et n'entrez jamais chez moi que je ne vous appelle. Si j'ai besoin de quelque chose, je sonnerai. » Devant la Commission d'enquête, la religieuse dut, néanmoins, dévoiler son secret.

Un fait remarquable est rapporté par un autre témoin oculaire. En un jour particulièrement difficile de 1837, les créanciers s'étaient montrés fort excités et l'un d'eux avait même brutalisé Cottolengo, qui rentra chez lui exténué, mais déclarant n'avoir besoin de rien et ne vouloir être dérangé par personne.

Or, une dame se présentait à la porte et demandait à parler au Père; une dame d'une telle physionomie que la Sœur en oublia sa consigne et alla prévenir le Père. Cette dame avait même ajouté que sa visite ne dérangerait point..... Le Père est descendu au parloir, il entend de consolantes paroles, il est aidé et fortifié, et il reçoit un magnifique cadeau avec promesse d'un secours encore pour solder toutes les dettes.

LA CÉRÉMONIE DE LA BÉATIFICATION DU BIENHEUREUX JOSEPH-BENOÎT COTTOLENGO A SAINT-PIERRE DE ROME, LE 29 AVRIL 1917.

La Sœur aurait bien voulu connaître de plus près cette bienfaitrice ; néanmoins, en la reconduisant, l'humble portière n'osa lever les yeux, et ce n'est qu'en retrouvant le Père qu'elle se permit une question. Elle apprit alors qu'elle venait d'ouvrir la porte à la Très Sainte Vierge. « Cette dame est venue d'en haut, dit le Bienheureux tout frémissant encore, et c'est la Madone. »

En quelques autres circonstances, Cottolengo ne craint pas d'affirmer hautement des interventions directes du ciel pour ses fidèles de la *Piccola Casa*, si habitués par ailleurs aux continuelles attentions de la Providence.

Le Bienheureux est alors d'autant plus libre de parler qu'il s'adresse à l'élite de son troupeau, à ces mystérieuses recluses de la Suprême Pitié, auxquelles il avait donné, le 2 février 1841, la robe de drap bleu recouverte du scapulaire blanc, vêtement qu'il déclarait tenir de la Très Sainte Vierge.

« Un jour, et nous ne savons trop pourquoi et par qui, un petit changement s'introduisit dans la forme du scapulaire. Le vénérable en éprouva une grande peine et obligea les Sœurs à revenir à la première forme de ce pieux habit. Il affirma de nouveau qu'il tenait ce modèle de la Sainte Vierge elle-même et déclara que, si on ne voulait pas lui déplaire, on devait n'y rien changer.

» Quant à la Règle, il fit savoir de la façon la plus formelle qu'il l'avait reçue de Dieu pendant une vision. » (1)

Oui, le ciel était proche, mais parfois combien il était fermé ! L'oraison montait alors par les obscurs sentiers de l'humble foi ; ténèbres où Dieu permettait alors d'étranges assauts.

A lire de près les dépositions du procès canonique, on retrouve autour de Cotto-

lengo des persécutions démoniaques toutes semblables à celles que subissait, vers le même temps, le bienheureux curé d'Ars.

Que la taquinerie se prolongeât, mettant du désordre dans la maison, Cottolengo ne faisait qu'en rire, eût-il même été maltraité en ces sinistres rencontres, et il calmait l'effroi autour de lui. « Ah ! le démon voudrait bien faire davantage, mais la Madone l'en empêche. N'ayez donc pas peur ; il ne vous enlèvera pas un seul de vos cheveux. »

« A l'ombre du Père, nous sommes tranquilles contre les incursions du malin esprit », disaient entre elles les Sœurs émues.

L'intervention démoniaque était violente parfois et brutale à briser les forces du vaillant serviteur de Dieu, mais elle prenait aussi d'autres aspects.

Vers le temps où Cottolengo songeait à fonder le Refuge et la famille de Sainte-Thaïs, un visiteur se présenta qui voulut entretenir longuement le fondateur. La conversation cependant prenait une allure étrange. Par toutes sortes de raisons, par de captieux aruguments, le visiteur cherchait à décourager l'œuvre entreprise. Enfin, l'entretien s'interrompit brusquement. « Oh ! quel mal il m'a fait, disait ensuite Cottolengo ! Il m'a dit toutes sortes de choses pour m'enlever la foi. Je n'ai pu le décider à sortir qu'en me servant du crucifix comme d'une arme. C'est par là seulement que je l'ai mis en fuite. »

L'effort, même visible, des bons et des mauvais esprits, pourrait-il étonner ceux qui connaissent la *Piccola Casa* et son existence de visible surnaturel ? On ne s'étonnait plus, à la *Piccola Casa*, quand, en 1839, par exemple, les chanoines Vogliotti et None voyaient une petite provision de cerises, achetées pour ses pauvres par Cottolengo, se multiplier, se multiplier encore sous ses doigts.

Les médecins ne s'étonnaient pas, même

----

(1) Mgr Constant, *Vie du vénérable Cottolengo*, p. 172.

quand ils disaient auprès d'une petite cancéreuse condamnée à l'amputation du bras : « Si l'enfant guérit, ce sera un nouveau prodige. » « Reste en paix, petite fille, avait dit Cottolengo. Les médecins ne te couperont pas le bras, c'est moi qui te l'assure. » Assurance confirmée par une pleine guérison, devant le docteur Granetti et le professeur Rossi.

Par les mains de Cottolengo, par sa bénédiction, la Providence agissait de façon si directe !

Sœur Catherine, la future abbesse du Suffrage, est délivrée par une bénédiction de la surdité. Sœur Massima, devenue épileptique auprès de pauvres gens atteints du haut mal, reçoit aussi la bénédiction du Père. « J'apprends que de temps à autre vous jetez le trouble parmi vos compagnes, lui a dit Cottolengo. Sachez que je ne veux plus rien de cela. Recevez une bonne bénédiction et que tout soit fini. » Tout mal finissait, en effet, et Sœur Massima vivait dix ans encore dans la santé et le travail.

*
* *

Qu'est-il besoin de glaner davantage en cette vie de merveilles ? Un seul fait ne suffirait-il point à la gloire du Bienheureux, le fait de l'existence actuelle de sa *Piccola Casa*. Le prodige quotidien est manifeste : prodige financier qui met dans la stupeur, prodige social plus merveilleux encore.

« Ce que je trouve de plus admirable dans la *Piccola Casa*, disait Mgr Buglione de Monale, évêque de Mondovi, c'est qu'un homme tout seul puisse la gouverner, y conservant l'ordre et la paix qu'on y remarque. Je suis plus ravi de cela que de la façon dont le ciel pourvoit aux besoins de la communauté. »

Tel était aussi l'avis motivé du cardinal Morozzo, évêque de Novare, chargé par le roi Charles-Albert de voir l'établissement dans le détail, et d'en étudier la direction.

Cette direction, on est bien obligé de l'appeler théocratique, puisque c'est le total abandon aux mains de Dieu. Théocratie plus filiale, plus fervente, plus paisible aussi et plus gardée que celle des Juifs, une théocratie de la nouvelle loi, primitive Église et renouveau d'Évangile, dont le véritable nom devrait être *Royaume de Dieu*. Glorieux royaume, en effet, où le Roi, Notre-Seigneur, est honoré comme nulle part ailleurs peut-être, où les pauvres sont évangélisés, où les infirmes sont guéris, où l'on porte les fardeaux les uns des autres ; la charité et l'humilité y fleurissent partout, floraison de l'admirable foi, mais le Tout-Puissant y règne, il n'oublie personne.

A un siècle de distance, il n'oublie pas de glorifier devant nous l'humble fondateur, qui sera glorifié dans les siècles des siècles. Cottolengo n'est pas seulement un nom de rue, à Turin ou à Bra, ce n'est pas seulement la désignation d'un genre d'hospice ou de monastère unique au monde, c'est un nom de gloire céleste et humaine à la fois, dont l'éclat dépasse toutes les célébrités qui lui furent contemporaines. Parmi les grands hommes dont les statues encombrent les avenues turinoises, en est-il un qui garde une survie comparable, en ses œuvres, en ses exemples, en la reconnaissance publique, à celle de Joseph-Benoît Cottolengo ?

On raconte qu'au 30 avril 1842, à l'heure même où mourait le Bienheureux, se déracinait soudain, sans cause apparente, et se renversait d'étrange façon, un beau prunier tout en fleurs, dans le jardin du Suffrage. Pendant quatre jours, l'arbre demeura ainsi abandonné ; le jardinier allait le mettre au feu, quand les religieuses, étonnées du fait et frappées de la coïncidence de l'heure, intervinrent, essayant de replanter le prunier flétri. Or, cet arbre, déraciné en pleine floraison, rouvrit ses fleurs et, contre toute attente, donna ses prunes au mois d'août. Le jardinier lui gardait rancune, il voulut l'arracher encore: une racine a subsisté qui donne aujourd'hui un bel arbre et d'excellentes reines-Claude.

On se souvient que Bra possédait aussi des pruniers fameux, pruniers sauvages dont les épines protégèrent autrefois une malheureuse femme réfugiée aux pieds de Marie. Le pèlerinage à *la Madona dei Fiori* et à ses prunelliers, qui refleurissent trois fois l'an, est célèbre en Piémont. Ne se rappelle-t-on pas encore *l'arbre de l'obéissance*, aux déserts de Nitrie ?.....

Arbres fameux, floraisons symboliques, fécondités inattendues, comme demeure florissante et féconde cette *Piccola Casa* établie par Cottolengo, dont lui seul semblait capable d'assurer l'entretien. Plus que jamais elle donne fleurs et fruits. En 1842, on venait demander au jardin du Suffrage quelques-unes de ses prunes étonnantes; en 1917, malgré toutes les détresses et les angoisses de l'heure, on vient cueillir encore les dons de Dieu en sa *Piccola Casa della divina Provvidenza*.

La cause, introduite en 1863, achevait sa première étape le 19 juillet 1877, jour où saint François de Sales fut proclamé docteur de l'Église, mais fête aussi de saint Vincent de Paul, à l'ombre duquel voulait disparaître celui qui se nommait dès lors le vénérable Cottolengo.

Quand approcha le temps de la béatification, en la solennelle séance du 13 août 1916, dans la salle ducale du Vatican, le Révérend Dom Jean-Baptiste Ribero, supé-rieur actuel de la *Piccola Casa*, disait, devant le Saint-Père et une assistance d'élite, en même temps que sa reconnais-sance, la persévérante ferveur et la persé-vérante prospérité de l'œuvre fondée par Cottolengo.

« Je dois le dire avec joie, Très Saint Père, la *Piccola Casa* est toujours animée de l'élan évangélique auquel elle a dû son ori-gine; elle conserve aujourd'hui encore en son intégrité le même esprit, elle vit et se soutient par les mêmes prodiges qui l'éta-blirent à ses débuts.

» On compte maintenant par millions les gens de tout âge et de toutes conditions que, depuis quatre-vingt-dix ans, elle a accueillis pour soigner les infirmités de leurs corps ou de leurs âmes. Là, par une manifeste intervention du ciel, malgré tant d'hostilité contre la religion et contre l'Église, chez les incrédules, les socialistes, les francs-maçons et les Juifs, pas une seule âme n'a refusé de se réconcilier avec Dieu, personne n'est mort sans les conso-lations de la foi. »

Dom Ribero achevait son discours par un *Deo gratias* trois fois répété. Ce cri de la *Piccola Casa*, toute la cour pontificale l'écoutait en souriant, et le Saint-Père le reprenait aussitôt pour dire le contraste providentiel entre les clameurs féroces ou douloureuses emplissant aujourd'hui le monde, et ce vif refrain de reconnaissance et de charité, qui évoquait, à lui seul, Cottolengo bondissant de joie, refrain dont vibre toujours la *Piccola Casa*.

TABLE DES MATIÈRES

I — L'Œuvre

II — Le Bienheureux

1922-13. — Imprimerie P. FERON-VRAU, 3 et 5, rue Bayard, Paris, VIIIe.

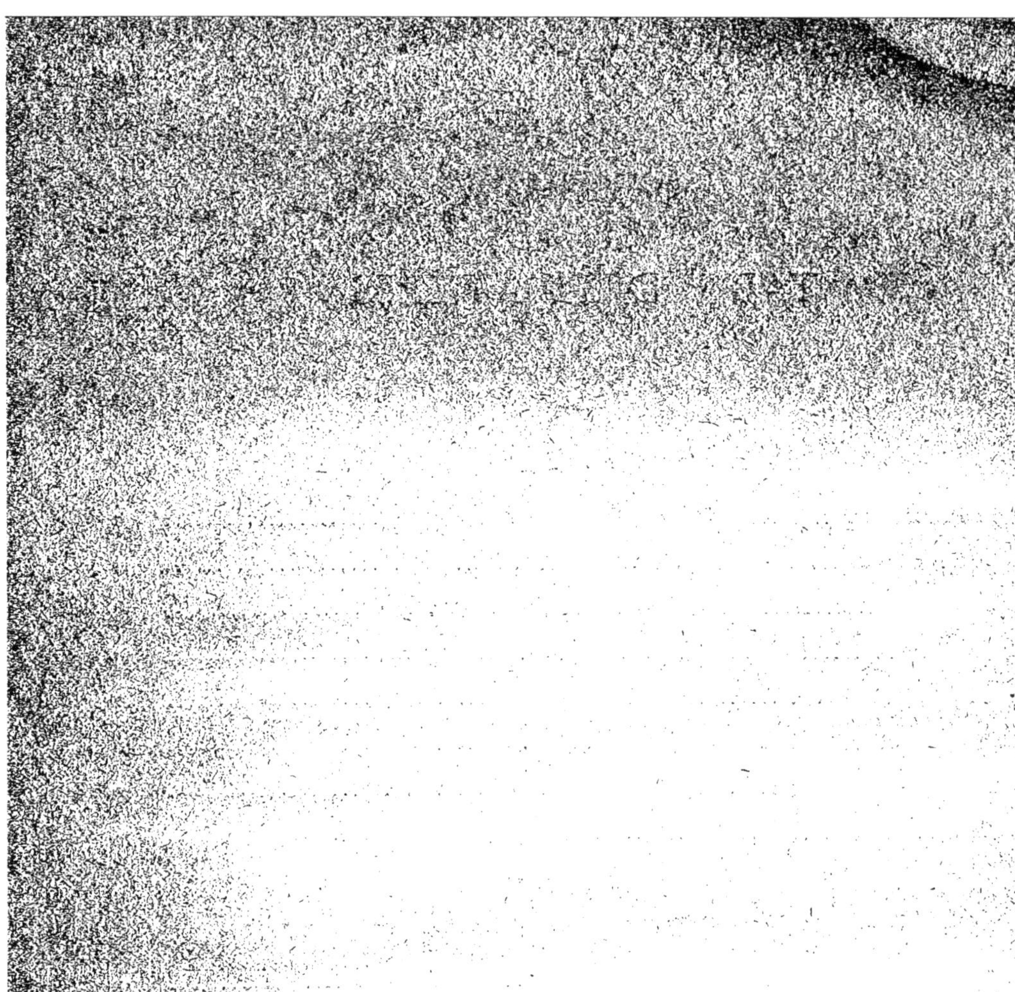

Nouvelle Bibliothèque pour tous

COLLECTION SCIENTIFIQUE

Volumes in-8° à deux colonnes, richement illustrés, papier luxe.
Chaque vol. broché, 2 francs ; port, 0 fr. 25.

ABBÉ TH. MOREUX

D'OÙ VENONS-NOUS ?

I. L'Univers et les Mondes. — II. La Genèse des mondes. — III. Histoire du système solaire. — IV. Histoire du Soleil. — V. Les Pourquoi ? — VI. La naissance de la terre. — VII. Les premiers êtres. — VIII. Les êtres géants de l'époque secondaire. — IX. Les âges récents. — X. Le problème de la vie. — XI. L'esprit et la matière.

OÙ SOMMES-NOUS ?

I. Où sommes-nous ? — II. Notre planète. — III. La famille solaire. — IV. La géographie du ciel. — V. Notre amas stellaire. — VI. Les révélations de la lumière. — VII. L'âge des étoiles. — VIII. La Voie lactée. — IX. La structure de l'univers. — X. L'univers est-il infini ?

QUI SOMMES-NOUS ?

I. Cerveau et intelligence. — II. L'unité de l'Espèce humaine. — III. L'Homme descend-il du singe ? — IV. La durée des Temps géologiques. — V-VI. L'Homme tertiaire et ses mésaventures. — VII. Les plus anciens vestiges de l'humanité. — VIII. L'Homme des cavernes. — IX. L'Age du Renne. — X. Les dernières périodes de la préhistoire. — XI. Conclusion.

OÙ ALLONS-NOUS ?

I. La chute des mondes. — II. L'apex solaire. — III. Les courants stellaires. — IV. L'avenir du Soleil. — V. L'avenir de la Terre. — VI. L'agonie de notre planète. — VII. Pouvons-nous rencontrer une comète ? — VIII. Incendies célestes. — IX. Conclusion.

HENRI ROUSSET

NOTRE PAIN QUOTIDIEN

I. La terre et ses secrets. — II. Le bon grain. — III. Le blé qui lève. — IV. La moisson. — V. Du grain à la farine. — VI. Notre pain. — VII. Dernière étape.

A. ACLOQUE

LES MERVEILLES DE LA VIE VÉGÉTALE

La nature végétale. — La cellule végétale. — Les aliments de la plante. — Rapports avec le voisin. — Les moyens de défense. — La fleur. — Perpétuation de l'espèce. — La sensibilité végétale. — Les populations végétales. — Les bienfaits des plantes. — Variabilité de l'espèce végétale.

MARCEL HEGELBACHER

COMMENT LE RAIL A VAINCU LA DISTANCE ET L'ALTITUDE. *Les chemins de fer, leur développement des origines à nos jours, le rail.*

I. Historique des chemins de fer. — II. Les chemins de fer normaux : leurs grandes divisions. — III. Les chemins de fer de montagne. — IV. Les chemins de fer spéciaux. — V. Quelques réflexions sur les chemins de fer.

Collections de Romans, de Biographies, Artistique, Apologétique, Historique.

(Demander la liste détaillée.)

Maison de la Bonne Presse, 5, rue Bayard, Paris-VIII°, et dans toutes les gares.

Volumes à prix réduit.

Ayant eu des facilités pour éditer un certain nombre de volumes de la « Nouvelle Bibliothèque pour tous », la Maison de la Bonne Presse est heureuse d'en faire profiter les personnes qui répandent les saines lectures. En conséquence, et jusqu'à nouvel ordre, les ouvrages figurant dans la liste ci-dessous seront facturés à 1 fr. 20 au lieu de 2 francs; port en plus, 0 fr. 20. (Chaque volume in-8°, 2 colonnes, papier glacé, nombreuses illustrations.)

ROMANS, RÉCITS ET NOUVELLES

Beau-Casque, par ERNEST DAUDET.
Dormilhouze-la-Jeune, par LÉON BARRACAND.
La vraie Lumière, par HENRI CARRÈRE.
Au drapeau! par ROGER DUGUET.
Saint-Exupère-les-Châsses, par FRÉDÉRIC PLESSIS.
Sonnez encore!... par J. ROMAIN LE MONNIER.
Quelques braves gens, par JEAN VIOLA.
Suzanne la Doctoresse, par CHARLES DE VITIS.
Suivez-moi! *Histoires de vocations sacerdotales.*
La meilleure part ici-bas. *Nouvelles et récits sur la vie des religieuses.* Préface de M. le chanoine MILLOT.

Pour la jeunesse.

La Révolte du bronze, par MARIE AFFRE (*Violette des Pyrénées*).
Contes de la Cocarde blanche, par MAX COLOMBAN.
Raoul du Vertfaucon, par MAX COLOMBAN.
Les trois filles de messire Erembert, par MAX COLOMBAN.
Au temps jadis, *récits et légendes,* par CHARLOTTE MAYVAL.

APOLOGÉTIQUE

Lourdes : les guérisons, par le Dr BOISSARIE (1re série).
Lourdes : les guérisons, par le Dr BOISSARIE (2me série).
Lourdes : les guérisons, par le Dr BOISSARIE (3me série).
Le miracle permanent d'Andria : l'épine de la couronne du Christ rougissante de sang et fleurissante, par LÉON CAVÈNE.
Une gloire napolitaine : saint Janvier et le miracle de son sang, par LÉON CAVÈNE.
Les Congrès eucharistiques internationaux : Ire série. **Les Origines. De Lille (1881) à Paray-le-Monial (1897),** avec préface de LOUIS GUÉRIN.

COLLECTION ARTISTIQUE

Des goûts et des couleurs. Essai historique sur la couleur dans la peinture française, par GABRIEL MARRI.

COLLECTION DE BIOGRAPHIES

Louis Veuillot (1813-1883), par FRANÇOIS VEUILLOT.
Le P. Vincent Paul Bailly (1832-1912), fondateur de la « Croix » et de la Maison de la Bonne Presse, par E. LACOSTE.

COLLECTION SCIENTIFIQUE

Les merveilles de la vie végétale, par A. ACLOQUE.
Notre pain quotidien, par HENRI ROUSSET.
Comment le rail a vaincu la distance et l'altitude. Les chemins de fer, par M. HEGELBACHER.

9 782019 932459